100
Alimentos Mais Saudáveis

100 Alimentos Mais Saudáveis

Ingredientes essenciais para uma vida saudável, incluindo 100 receitas nutritivas

DCL
DIFUSÃO CULTURAL DO LIVRO

Publicado originalmente por Parragon Books Ltd.

Criação e produção: Ivy Contract
Consultora: Judith Wills
Novas fotografias: Clive Streeter
Editora: Áine Menassi
Assistente editorial: Jeferson Máximo
Gerente de arte: Clayton B. Torres
Tradução: Vivi Mortara
Produção editorial: Casa de Ideias

Impresso na China

Dados Internacionais de Catalogação na Publicação (CIP)
(Câmara Brasileira do Livro, SP, Brasil)

100 alimentos mais saudáveis / [Equipe Love Food ; tradução de Vivi Mortara].
-- São Paulo : DCL, 2011.

Título original: 100 best health foods.
ISBN 978-85-368-1128-4

1. Alimentos naturais 2. Culinária 3. Nutrição 4. Receitas I. Equipe Love Food.

11-05893 CDD-641.302

Índice para catálogo sistemático:
1. Alimentos saudáveis : Receitas nutritivas : Culinária 641.302

Notas ao leitor

Este livro utiliza o sistema métrico. As colheres são sempre rasas: calcule 5 ml para colheres de chá e 15 ml para colheres de sopa. Caso nada em contrário seja mencionado, leite será considerado integral, ovos e legumes, por exemplo, batata, serão médios e pimenta será pimenta-do-reino moída na hora.

Os tempos mencionados são aproximados e servem apenas como guia. O tempo de preparo difere de acordo com as técnicas utilizadas e o tempo de cozimento pode variar de acordo com o tipo de forno ou fogão utilizado. Ingredientes opcionais, variações e sugestões de como servir não foram incluídos no cálculo.

Crianças, idosos, grávidas e portadores de doenças ou convalescentes devem evitar receitas que contenham ovos crus ou levemente cozidos como ingredientes. Grávidas ou lactantes devem evitar amendoins ou derivados. Portadores de alergia a nozes ou qualquer outra fruta seca devem ser avisados que produtos industrializados utilizados em algumas receitas deste livro podem conter frutas secas e devem checar as informações do fabricante contidas na embalagem.

1

2

3

4

5

6

CONTEÚDO

INTRODUÇÃO

Todos desejamos nos alimentar bem, e *100 Alimentos mais saudáveis* é o livro indicado para quem quer saber quais são os alimentos mais saudáveis do mundo e por quê.

Hoje em dia, a maioria das pessoas entende a importância de uma refeição boa e saudável para nós mesmos e nossas famílias. Uma alimentação adequada permite que nossos filhos cresçam fortes e sadios. Alimentos saudáveis podem fortalecer nosso sistema imunológico e nos proteger contra câncer, diabetes e doenças cardiovasculares. Não é difícil perceber que uma boa dieta ajuda nosso corpo a enfrentar sem problemas a rotina diária, estimula a função cerebral, aumenta os níveis de energia e ajuda a relaxar e ter um sono tranquilo.

O que é um alimento saudável?

Com informações conflitantes chegando de todos os cantos, às vezes fica difícil identificar quais são os alimentos que realmente fazem parte de uma dieta saudável. Este livro trata de alimentos que possuem um histórico que de fato comprova sua eficiência no fortalecimento da saúde e da proteção contra doenças. Para cada um deles, os benefícios para a saúde já foram bem analisados e confirmados em testes realizados em todo o mundo durante vários anos.

Definimos como alimento saudável aquele que apresenta uma quantidade acima da média de vitaminas e minerais importantes – por vezes, difíceis de encontrar em outras fontes –, ou apresentam uma proporção elevada de nutrientes recentemente descobertos e que, segundo estudos, exercem influência benéfica sobre a saúde.

Esses alimentos são aqueles que se situam nas primeiras posições da escala ORAC (sigla em inglês para *Oxygen Radical Absorbance Capacity* – Capacidade de Absorção de Radicais Oxigênio) – um teste laboratorial que mede a capacidade de absorção e neutralização de radicais livres de determinada substância (no caso, vegetais), o que facilita e ajuda na prevenção de doenças. Alimentos considerados saudáveis também devem conter pouco ou nenhum sal, açúcar e gorduras trans e saturadas, os quais são frequentemente relacionados ao aumento do risco de doenças e prejudiciais à saúde.

A importância de uma dieta variada

Uma lista que abrange apenas 100 itens não deve ser considerada definitiva. Existem muitos outros alimentos tidos saudáveis e nutritivos que podem ter sido deixados de fora. Caso seu legume, vegetal, fruta ou grão predileto não tenha sido incluído, isso não significa que não traga benefícios nutricionais à sua dieta geral.

Para a maioria das pessoas, uma dieta saudável inclui 5-7 porções de frutas e legumes por dia. Considera-se uma proporção equilibrada 3-4 legumes, 2-3 frutas, 2-3 porções de grãos integrais – por exemplo, cevada integral, arroz integral e aveia – e 2-3 porções de proteína magra, como frango sem pele, iogurte natural desnatado, lentilhas ou caranguejo. Você também deve incluir na sua dieta peixe oleaginoso, frutas secas e sementes, óleos vegetais, ervas e especiarias.

Lembre-se que nenhum alimento, sozinho, pode nos tornar saudáveis – mantenha o foco sempre em uma dieta balanceada e variada. Isso significa tentar combinar regularmente os alimentos listados neste livro à sua própria dieta, alternando as escolhas todos os dias. As receitas incluídas neste livro possibilitam combinar os alimentos de muitas maneiras, proporcionando um grande número de refeições variadas, para serem apreciadas do café da manhã à sobremesa.

As informações que você encontrará em ***100 Alimentos mais saudáveis*** serão ferramentas importantes na elaboração de sua própria dieta saudável. Cuidar da saúde é importante, mas, não menos importante, é a diversão garantida que você terá ao aprender sobre o maravilhoso mundo dos alimentos saudáveis e naturais.

1

FRUTAS

Ricas em vitamina C, antioxidantes e fibras, as frutas oferecem muitos benefícios à saúde. São também fontes importantes de energia. Podem ser incluídas em quase todas as refeições ou consumidas a qualquer hora do dia, por quem gosta de um lanche entre as refeições.

(V) recomendado para vegetarianos

(D) ideal para quem está de dieta ou regime

(G) recomendado para grávidas

(C) recomendado para crianças com mais de 5 anos

(R) rápido para preparar e cozinhar

01 MAÇÃS

Pesquisas científicas recentes mostraram que o antigo provérbio "Uma maçã por dia mantém o médico longe de você" pode estar correto.

Apesar de não conter vitaminas ou minerais, exceto potássio, as maçãs possuem níveis elevados de várias substâncias químicas vegetais, incluindo o flavonoide quercetina, que tem ação anti-inflamatória e anticancerígena. São também fonte valiosa de pectina, fibra solúvel que ajuda a diminuir o colesterol "ruim" e auxilia na prevenção do câncer de intestino. Segundo pesquisas, adultos que comem maçãs têm medida da cintura menor, menos gordura abdominal e pressão arterial mais baixa do que aqueles que não comem maçãs. Elas ainda atuam na prevenção da asma em crianças e têm praticamente zero por cento de gordura.

- Ricas em flavonoides que mantêm coração e pulmões saudáveis.
- Ideais como lanche para quem está de regime, pois têm poucas calorias, índice glicêmico (IG) baixo e saciam a fome.
- Conteúdo fibroso é rico em pectina, o que melhora os lipídios do sangue e reduz o colesterol ruim.
- Fonte importante de potássio, que previne a retenção de líquido.

Dicas práticas:
Não armazene as maçãs em local iluminado e quente, pois elas perderão a vitamina C rapidamente. Guarde-as em um saco plástico com alguns furos na geladeira ou em local fresco e escuro. Procure comer com a casca, que contém cinco vezes mais substâncias químicas vegetais do que a polpa. Ao preparar as maçãs, coloque as fatias de molho em uma bacia com água e 1-2 colheres de sopa de suco de limão para não escurecer.

VOCÊ SABIA QUE...

Estudos indicam haver uma relação entre a quercetina – encontrada em maçãs – e a prevenção da doença de Alzheimer.

PRINCIPAIS NUTRIENTES ENCONTRADOS EM UMA MAÇÃ DE TAMANHO MÉDIO

Kcalorias	60
Gordura total	Traços
Proteínas	Traços
Carboidratos	16 g
Fibras	2,8 g
Vitamina C	5 mg
Potássio	123 mg

Maçãs assadas recheadas

SERVE 4 (V) (D) (G) (C) (R)

2 ½ colheres de sopa de amêndoas sem pele

⅓ de xícara de damascos secos deixados de molho em água morna

1 pedaço de gengibre em conserva, escorrido

1 colher de sopa de mel

1 colher de sopa da calda da conserva de gengibre

4 colheres de sopa de aveia em flocos

4 maçãs grandes

Preparo

1 Preaqueça o forno a 180 °C. Com uma faca afiada, pique em pedaços bem miúdos as amêndoas, os damascos e o gengibre em conserva. Reserve.

2 Aqueça o mel e a calda da conserva de gengibre em uma panela, até que o mel derreta. Junte a aveia, mexa e cozinhe em fogo baixo por 2 minutos. Retire do fogo e misture as amêndoas, os damascos e o gengibre picados.

3 Retire a parte central (o caroço) das maçãs, deixando a parte de cima mais larga. Faça um corte horizontal em cada maçã para evitar que a casca arrebente durante o cozimento. Coloque as maçãs em um prato ou tigela refratária e encha as cavidades com o recheio. Coloque água na tigela, até cobrir ⅓ das maçãs. Asse por 40 minutos ou até que fiquem macias. Sirva imediatamente.

02 ABACATE

O abacate é rico em gordura monoinsaturada (boa para o coração) e está repleto de nutrientes importantes.

Abacates apresentam alto teor de gordura, sendo a maior parte gordura monoinsaturada. O ácido oleico encontrado nos monoinsaturados diminuem o risco de câncer de mama; os monoinsaturados também auxiliam na redução dos níveis de colesterol ruim do sangue. Os abacates têm grande variedade de nutrientes, incluindo as vitaminas C, E e B6, folato ou ácido fólico, ferro, magnésio e potássio, além dos antioxidantes beta-sitosterol – que ajuda a baixar o colesterol do sangue – e glutationa, que ajuda a prevenir o câncer.

- Alto teor de vitamina E, que melhora o sistema imunológico, mantém a pele saudável e protege o coração.
- Teor de luteína – ajuda a diminuir o risco de doenças oculares, como a catarata e a degeneração macular.
- Alto teor de gordura monoinsaturada, que ajuda a baixar o colesterol.
- Boa fonte de magnésio, bom para o coração.

Dicas práticas:
Escolha abacate de pele lisa e sem manchas ou rachaduras. A pele do abacate maduro, pronto para comer, cede sob leve pressão do polegar. Para acelerar o amadurecimento, coloque num saco de papel com uma banana. Para consumir, corte pela metade no sentido do comprimento e retire o caroço. Quando picar ou fatiar, borrife com suco de limão, vinagre ou molho vinagrete para não perder a cor.

VOCÊ SABIA QUE...

É possível encontrar óleo de abacate extravirgem em supermercados – use em assados, tempere saladas ou sirva como acompanhamento para pães frescos de casca crocante.

PRINCIPAIS NUTRIENTES ENCONTRADOS EM UM ABACATE DE TAMANHO MÉDIO

Kcalorias	240
Gordura total	3 g
Proteínas	22 g
Carboidratos	12,8 g
Fibras	5 g
Vitamina C	9 mg
Potássio	728 mg
Vitamina E	3 mg

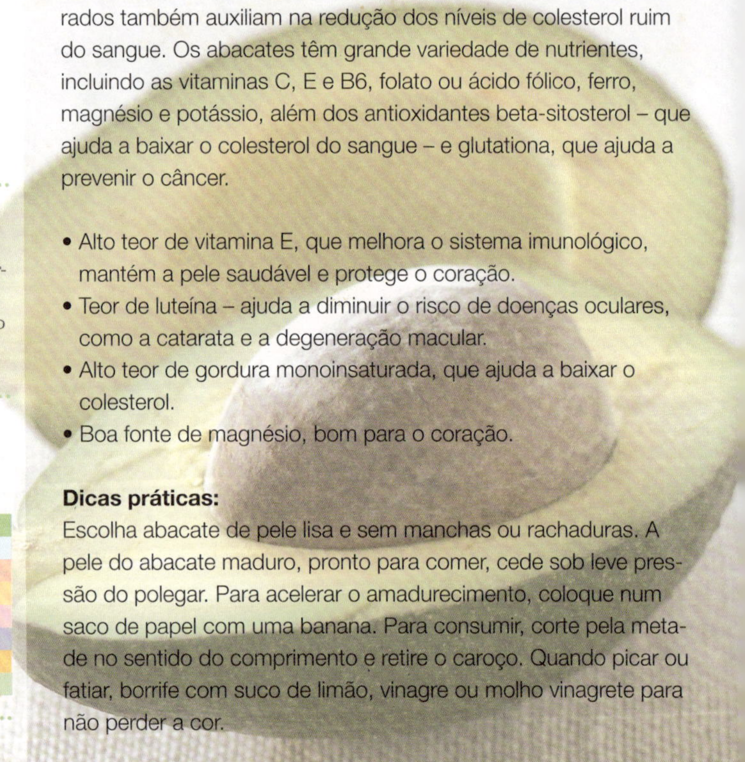

Guacamole picante

SERVE 4 (V) (G) (C) (R)

2 abacates grandes
Suco de 1-2 limões
2 dentes de alho grandes, picados
1 colher de chá de pimenta--malagueta em pó, suave (ou a gosto)
Sal e pimenta

Preparo

1 Corte os abacates pela metade. Retire os caroços e descasque.
2 Bata a polpa em um processador com o suco de 1 ou 2 limões, de acordo com a sua preferência. Adicione o alho e a pimenta e bata mais um pouco.
3 Transfira para uma travessa redonda, tempere a gosto e sirva.

03 UVAS

Uvas são ricas em polifenóis – que protegem o coração, melhoram a circulação e ajudam a baixar o colesterol – e apresentam propriedades antifúngicas.

Todas as variedades de uva contêm compostos benéficos, principalmente os polifenóis, concentrados, em sua maioria, na casca. As variedades preta, roxa e rosada também apresentam altos níveis do flavonol quercetina e antocianinas – os pigmentos escuros – que ajudam a prevenir o câncer e doenças cardiovasculares. Os benefícios antioxidantes das uvas de cor clara são derivados do teor de fenol natural catequina. O polifenol resveratrol, outro antioxidante presente em todas as uvas, já foi relacionado à prevenção ou inibição de câncer e doenças cardíacas, doenças neurológicas degenerativas e infecções virais, e ainda à proteção contra a síndrome de Alzheimer.

- Fonte importante de polifenóis, para prevenção de câncer e para manter um sistema cardiovascular saudável.
- A quercetina pode ajudar a melhorar os níveis de colesterol do sangue e tem efeito anticoagulante.
- Ação antiviral e antifúngica.
- Boa fonte de vitamina C.

Dicas práticas:
Lave as uvas antes de consumir – podem ter sido tratadas com pesticidas – e conserve em geladeira ou em local fresco para preservar o teor de vitamina C e evitar a deterioração. Se for usar em sobremesas, não deixe muito tempo cortada sem usar, pois o lado cortado pode escurecer.

VOCÊ SABIA QUE...

Mais de 70 % da produção mundial de uva é usada na fabricação de vinho, 27 % é destinado ao cultivo da fruta fresca e 2 % é dedicado às frutas secas.

PRINCIPAIS NUTRIENTES ENCONTRADOS EM 100 g DE UVAS

Kcalorias	70
Gordura total	Traços
Proteínas	0,7 g
Carboidratos	18 g
Fibras	0,9 g
Vitamina C	10,8 mg
Potássio	191 mg

Espuma de uvas verdes e limão

SERVE 2 (V) (D) (G) (C) (R)

1 xícara de uvas verdes sem sementes (ou tire as sementes das uvas antes de usar), mais a quantidade para decorar
¾ de xícara de água mineral com gás
2 bolas de iogurte natural congelado ou sorvete de iogurte natural
1 ½ colher de limonada concentrada congelada

Preparo

1 Bata as uvas, a água mineral, o iogurte e a limonada no processador.
2 Despeje a espuma em copos, decore com as uvas reservadas para decorar e sirva.

04

FIGO

VOCÊ SABIA QUE...

As folhas da figueira são comestíveis. O extrato líquido da folha de figo tem propriedades antidiabéticas, reduzindo a quantidade de insulina necessária para alguns portadores de diabetes.

PRINCIPAIS NUTRIENTES ENCONTRADOS EM UM FIGO FRESCO

Kcalorias	47
Gordura total	Traços
Proteínas	0,5 g
Carboidratos	12,3 g
Fibras	1,9 g
Vitamina C	1,3 mg
Potássio	148 mg
Betacaroteno	54 mcg
Cálcio	22 mg
Magnésio	11 mg

PRINCIPAIS NUTRIENTES ENCONTRADOS EM 100 g DE FIGOS SECOS

Kcalorias	210
Gordura total	Traços
Proteínas	0,5 g
Carboidratos	12,3 g
Fibras	7 g
Vitamina C	1,3 mg
Potássio	148 mg
Betacaroteno	54 mcg
Cálcio	22 mg
Magnésio	11 mg

Tanto os figos secos quanto os frescos são ricos em fibras e contêm alto teor de ferro, aumentando a energia e favorecendo a saúde do sangue.

Figos secos são mais facilmente encontrados; já os figos frescos têm vida de prateleira muito curta e se danificam com facilidade. Este delicioso fruto apresenta altos teores de fibras, principalmente as solúveis, o que ajuda a proteger contra doenças cardíacas. Figos são também boa fonte de vários minerais e de vitamina B6, apresentando pequenas quantidades de outras vitaminas do complexo B, folato e muitas outras vitaminas e minerais. Figos secos têm teor concentrado de potássio e são ricos em cálcio, magnésio e ferro. No entanto, têm muitas calorias e devem, portanto, ser consumidos com moderação.

- Contêm esteróis, que ajudam a baixar o colesterol do sangue.
- Importante fonte de energia natural e açúcares.
- Alto teor de potássio, que ajuda a prevenir a retenção de líquido.
- O fruto seco é excelente fonte de ferro, bom para manter o sangue saudável, e de cálcio, bom para os ossos.

Dicas práticas:

Figos frescos deterioram rapidamente, logo, devem ser consumidos no dia em que forem comprados ou colhidos. É melhor consumi-los ao natural, mas ficam saborosos com presunto, servidos como aperitivo ou como parte de uma sobremesa. A casca de algumas variedades de figo é comestível, enquanto outros devem ser descascados.

Figo assado ao mel com zabaione

SERVE 4 (V) (C) (R)

8 figos frescos maduros, cortados na metade
4 colheres de sopa de mel
Folhas de dois raminhos de alecrim frescos (opcional)
3 ovos

Preparo

1 Preaqueça o forno com a função dourador ou um forninho elétrico. Arrume os figos, com o lado cortado para cima, na grelha do forno ou em um tabuleiro com grelha. Pincele com metade do mel e salpique as folhas de alecrim.
2 Asse por 5-6 minutos ou até que comece a caramelizar.
3 Enquanto isso faça o zabaione. Bata os ovos com o restante do mel e coloque em banho-maria. Com uma batedeira elétrica manual, bata os ovos e o mel por 10 minutos ou até ficar esbranquiçado e espesso. Retire do fogo.
4 Coloque quatro metades de figo em quatro pratos de sobremesa, cubra com uma colherada de zabaione e sirva imediatamente.

05 DAMASCOS

Frescos ou secos, são muito nutritivos e contêm baixo índice glicêmico. Ótima opção para quem não consegue ficar sem doce, mesmo quando fazendo regime ou dieta.

VOCÊ SABIA QUE...

O damasco de Hunza é um tipo de damasco seco que cresce naturalmente no Vale Hunza, em Kashmir, na Índia. As frutas são mantidas no pé até secar e devem ser cozidas antes de consumir.

PRINCIPAIS NUTRIENTES ENCONTRADOS EM DOIS DAMASCOS FRESCOS MÉDIOS

Kcalorias	31
Gordura total	Traços
Proteínas	0,9 g
Carboidratos	7,2 g
Fibras	1,7 g
Vitamina C	6 mg
Potássio	766 mcg
Betacaroteno	766 mcg
Ferro	0,5 mg

PRINCIPAIS NUTRIENTES ENCONTRADOS EM TRÊS DAMASCOS SEMISSECOS (30 g)

Kcalorias	47
Gordura total	Traços
Proteínas	1,2 g
Carboidratos	10,8 g
Fibras	1,9 g
Vitamina C	Traços
Potássio	414 mg
Betacaroteno	163 mcg
Ferro	1 mg

Damascos frescos contêm folato, potássio e vitaminas C e E. O alto teor de betacaroteno, um antioxidante importante, ajuda na prevenção de alguns tipos de câncer. Como são fontes significativas de fibras e não têm gordura, são perfeitos para a manutenção do peso. O fruto semisseco é uma ótima fonte de potássio e ferro, contudo, o processo de secagem faz baixar o teor de vitamina C e caroteno. Por conter menos água, ao compararmos dois frutos de mesmo peso, o seco tem mais calorias do que o fruto fresco. No entanto, é muito bom como energizante.

- Contêm grande variedade de carotenos: betacaroteno é anticancerígeno; luteína e zeaxantina beneficiam a saúde dos olhos; e a criptoxantina melhora a saúde dos ossos.
- Alto teor de fibras totais e solúveis que melhoram a saúde do coração e a circulação.
- Excelente fonte de potássio.

Dicas práticas:

Damascos frescos devem estar totalmente maduros, o que eleva o teor de caroteno ao máximo. O cozimento facilita a absorção de caroteno e fibras solúveis pelo organismo. São excelentes para compor um mix de frutas ou quando embebidos em vinho. Ao comprar damascos secos, procure escolher produtos orgânicos, sem dióxido sulfúrico, que causa alergia em algumas pessoas. Damascos secos são bons ingredientes para cuscuz, saladas e podem ser cozidos e depois servidos com iogurte.

Frapê de damasco

SERVE 1–2 (V) (D) (G) (C) (R)

6 damascos
1 laranja
1 talo de capim-limão (use a parte clara)
2 cm de gengibre fresco descascado

Preparo

1 Corte os damascos em dois e tire os caroços. Descasque as laranjas, deixando um pouco da parte branca. Corte o capim-limão em pedaços grandes.

2 Passe os damascos, a laranja e o capim-limão em uma centrífuga. Misture todos os ingrediente, despeje em copos altos e sirva.

06 MANGA

A manga é a superstar nutritiva das frutas, muito rica em antioxidantes e vitaminas C e E.

Mangas são cultivadas nos trópicos. Sua polpa alaranjada contém mais antioxidante betacaroteno, benéfico na prevenção contra o câncer e doenças cardíacas, do que a maioria das frutas. Tem alto teor de vitamina C – um fruto pode conter mais do que a necessidade diária – e fibras. Ao contrário de muitas outras frutas, as mangas apresentam quantidade significativa de vitamina E antioxidante, que melhora o sistema imunológico e mantém a pele saudável. Como tem índice glicêmico de médio a baixo, são boa opção para quem faz regime ou dieta, pois ajudam a regular os níveis de açúcar no sangue.

- Altos níveis de pectina – uma fibra solúvel que ajuda a reduzir o colesterol ruim.
- Ricas em potássio (320 g por fruto), regulam a pressão sanguínea.
- Fonte valiosa de vitamina C.

Dicas práticas:
Se comprar mangas verdes, coloque-as em um saco de papel em local pouco iluminado e elas amadurecerão em poucos dias. Consuma mangas maduras para garantir o teor máximo de vitamina C, ou em saladas temperadas com azeite de oliva, para melhor absorver os carotenos.

VOCÊ SABIA QUE...

Mangas contêm uma enzima especial que pode facilitar a digestão – e também serve como amaciante de carnes.

PRINCIPAIS NUTRIENTES ENCONTRADOS EM UMA MANGA MÉDIA

Kcalorias	114
Gordura total	0,3 g
Proteínas	1,4 g
Carboidratos	28 g
Fibras	5,2 g
Vitamina C	74 mg

Molho de manga com tomate

SERVE 4–6 (V) (D) (G) (C) (R)

6 tomates médios maduros
1 colher de sopa de azeite de oliva
1 cebola, bem picada
1 manga grande, sem caroço e sem casca, cortada em cubos
2 colheres de sopa de coentro picado
Sal e pimenta
Tortilla chips *para servir*

Preparo

1 Coloque os tomates em uma tigela grande. Cubra com água fervente e deixe descansar por um minuto. Escorra. Descasque os tomates, puxando a pele. Pique a polpa de tomate e coloque de volta na tigela.

2 Aqueça o óleo em uma frigideira. Frite a cebola até amolecer. Junte aos tomates na tigela, acrescentando a manga e o coentro. Tempere com sal e pimenta. Sirva frio, com as *tortilla chips*.

07 PERA

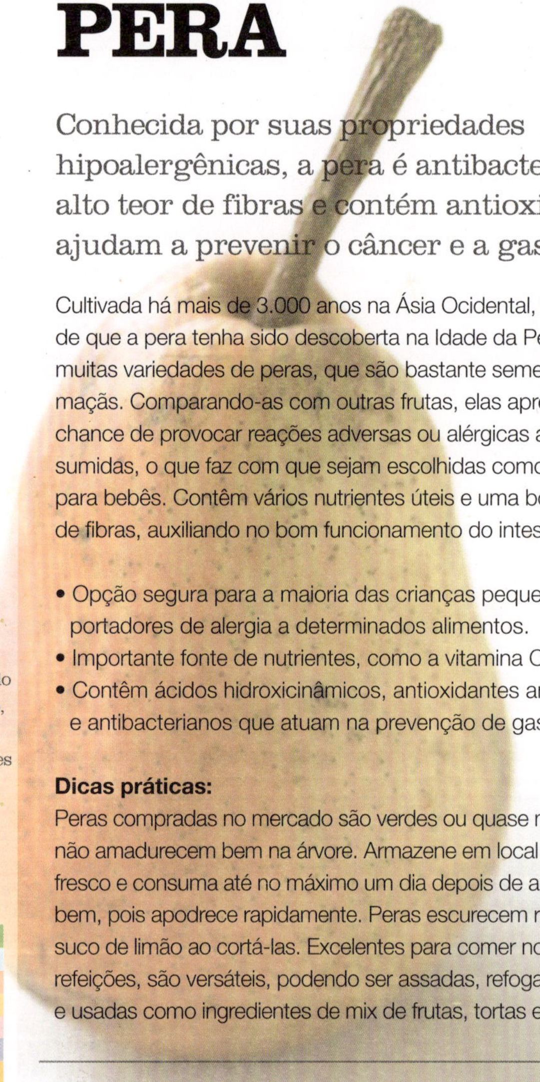

Conhecida por suas propriedades hipoalergênicas, a pera é antibacteriana, tem alto teor de fibras e contém antioxidantes que ajudam a prevenir o câncer e a gastroenterite.

Cultivada há mais de 3.000 anos na Ásia Ocidental, há evidências de que a pera tenha sido descoberta na Idade da Pedra. Existem muitas variedades de peras, que são bastante semelhantes às maçãs. Comparando-as com outras frutas, elas apresentam menor chance de provocar reações adversas ou alérgicas ao serem consumidas, o que faz com que sejam escolhidas como a primeira fruta para bebês. Contêm vários nutrientes úteis e uma boa quantidade de fibras, auxiliando no bom funcionamento do intestino.

- Opção segura para a maioria das crianças pequenas e adultos portadores de alergia a determinados alimentos.
- Importante fonte de nutrientes, como a vitamina C e o potássio.
- Contêm ácidos hidroxicinâmicos, antioxidantes anticancerígenos e antibacterianos que atuam na prevenção de gastroenterites.

Dicas práticas:
Peras compradas no mercado são verdes ou quase maduras, pois não amadurecem bem na árvore. Armazene em local de frio para fresco e consuma até no máximo um dia depois de amadurecer bem, pois apodrece rapidamente. Peras escurecem rápido – borrife suco de limão ao cortá-las. Excelentes para comer no lanche entre as refeições, são versáteis, podendo ser assadas, refogadas ou cozidas e usadas como ingredientes de mix de frutas, tortas e *crumbles**.

**Crumble:* prato doce de origem britânica.

VOCÊ SABIA QUE...

A casca contém a maior parte do teor de fibras da pera. Portanto, é melhor não descascá-las e, sim, simplesmente lavá-las antes de consumir.

PRINCIPAIS NUTRIENTES ENCONTRADOS EM UMA PERA MÉDIA

Kcalorias	60
Gordura total	Traços
Proteínas	0,5 g
Carboidratos	15 g
Fibras	3,3 g
Vitamina C	9 mg
Potássio	225 mg

Peras aromáticas

SERVE 4 (V) (D) (G) (C)

4 peras maduras, porém firmes, de cerca de 140 g cada
2 colheres de sopa de suco de limão
1 colher de sopa de mel ou a gosto
1 pimenta jalapeña vermelha, cortada pela metade, sem semente
2 estrelas de anis inteiras
1 canela em pau, levemente macetada para liberar o aroma
1 talo de capim-limão, levemente macetado para liberar o aroma
1 pedaço de 1 cm de gengibre fresco, descascado e fatiado
2 cravos-da-índia inteiros
4 folhas de louro
1 ¼ xícaras de água

Preparo

1 Com um descascador de legumes, descasque as peras, deixando o cabinho intacto. Se necessário, tire uma fatia bem fina da base, para que a pera não caia para os lados. Coloque em uma tigela e cubra com água misturada ao suco de limão.

2 Em uma panela com tampa coloque o mel, a pimenta, as estrelas de anis, a canela, o capim-limão, o gengibre, o cravo-da-índia, o louro e a água. Quando ferver, abaixe o fogo e cozinhe por 5 minutos até dissolver o mel, mexendo de vez em quando.

3 Escorra as peras e coloque-as na panela. Quando começar a levantar fervura, deixe em fogo bem baixo e tampe a panela.

4 Cozinhe por 15-20 minutos ou até que as peras fiquem macias. Retire a panela do fogo e deixe que as peras esfriem dentro da calda. Depois de frias, retire da panela com uma espumadeira e arrume em um prato de servir.

5 Leve a calda de volta ao fogo e ferva por 5-8 minutos ou até reduzir à metade e engrossar. Espere esfriar por 5-10 minutos, despeje sobre as peras e sirva.

08 MAMÃO PAPAIA

O mamão papaia tropical tem alto teor de carotenos, que auxiliam na prevenção de câncer e trazem benefícios para os pulmões e os olhos.

A polpa do papaia tem alto teor de frutose (açúcar de frutas) e calorias. Isso faz com que ela seja uma boa opção para saciar a fome entre as refeições ou para servir como sobremesa. A polpa também é fonte importante de fibras e contém alto índice de carotenos, que atuam na prevenção do câncer. Além disso, é uma das frutas mais ricas em potássio e em cálcio. Tem alto teor de vitamina C e é uma fonte razoável de magnésio e vitamina E. Contém papaína, enzima que atua sobre as proteínas e é usada como amaciante de carnes.

- Rico em betacaroteno – atua na prevenção do câncer de próstata.
- Importante fonte dos carotenos luteína e zeoxantina, que ajudam a proteger os olhos da degeneração macular.
- Rico em betacriptoxantina, que pode ser benéfico para os pulmões e ajudar na prevenção de artrite.
- Excelente fonte de vitamina C e fibras.
- O alto teor de fibras solúveis torna a absorção de açúcar mais lenta, o que ajuda a controlar os níveis de açúcar no sangue.

Dicas práticas:
Quando maduro, a casca é laranja e não verde. Pode ser usado como ingrediente em ensopados para amaciar a carne. Em saladas de frutas, adicione momentos antes de servir – o papaia deixa as outras frutas mais moles. Também deixa a gelatina mais mole – evite usá-lo em sobremesas com gelatina. Gotas de limão acentuam o sabor do papaia.

VOCÊ SABIA QUE...

Se secar as sementes em um forno na temperatura baixa, elas podem ser usadas como pimenta.

PRINCIPAIS NUTRIENTES ENCONTRADOS EM UM MAMÃO PAPAIA MÉDIO

Kcalorias	120
Gordura total	0,4 g
Proteínas	1,5 g
Carboidratos	30 g
Fibras	5,5 g
Vitamina C	180 mg
Potássio	780 mg
Betacaroteno	839 mcg
Betacriptoxantina	2313 mcg
Magnésio	30 mg
Luteína/Zeaxantina	228 mcg

Vitamina de papaia e banana

SERVE 2 (V) (D) (G) (C) (R)

1 mamão papaia
Suco de 1 limão
1 banana grande
1 ½ xícaras de suco de laranja natural
¼ de colher de chá de gengibre ralado ou em pó

Preparo

1 Corte o mamão na metade e retire as sementes com uma colher. Use a colher para retirar a polpa da casca. Misture com o suco de limão em uma tigela. Descasque e corte a banana em fatias.

2 Bata tudo no liquidificador até ficar bem homogêneo. Despeje em copos refrigerados e sirva imediatamente.

09 LARANJA

A vitamina C, vitamina antioxidante que melhora o sistema imunológico e protege contra o envelhecimento, é encontrada com fartura nas laranjas.

A laranja é uma das fontes mais baratas de vitamina C, que protege contra danos celulares, envelhecimento e doenças. É importante fonte de fibras, folato, potássio e cálcio, fundamental para os ossos. Contém os carotenos zeaxantina e luteína, benéficos para os olhos, pois atuam na prevenção da degeneração macular. Também contém rutina – um flavonoide que previne ou desacelera o crescimento de tumores – e nobiletina, um composto anti-inflamatório. Todos esses compostos aumentam a eficácia da vitamina C.

- Um maior consumo de vitamina C pode ajudar a prevenir infecções e a diminuir a gravidade e duração de gripes e resfriados.
- É uma das poucas frutas com índice glicêmico baixo, portanto, é boa opção para diabéticos e para quem faz regimes e dietas.
- Apresenta um bom teor de pectina, fibra solúvel que ajuda a controlar os níveis de colesterol do sangue.
- Anti-inflamatória, auxilia na redução da incidência de artrite.
- A laranja vermelha contém níveis ainda mais altos de antioxidantes no pigmento vermelho antocianina, relacionados à prevenção do câncer.

Dicas práticas:
Escolha laranjas que pareçam pesadas ao toque – isso indica que têm bastante suco e estão frescas. Conserve-as na geladeira, pois assim retêm a vitamina C por mais tempo. A casca da laranja tem alto teor de nutrientes, mas raspe e seque antes de consumir.

VOCÊ SABIA QUE...

Devemos comer um pouco da parte branca da casca da laranja junto com a polpa suculenta porque contém alto teor de fibras e de substâncias químicas antioxidantes naturais.

PRINCIPAIS NUTRIENTES ENCONTRADOS EM UMA LARANJA MÉDIA

Kcalorias	65
Gordura total	Traços
Proteínas	1 g
Carboidratos	16 g
Fibras	3,4 g
Vitamina C	64 mg
Potássio	238 mg
Cálcio	61 mg
Luteína/Zeaxantina	182 mcg

Cenoura refogada com laranja

SERVE 4 (V) (D) (C) (R)

2 colheres de sopa de óleo de amendoim
450 g de cenouras raladas
225 g de alho-poró, picado bem miúdo
2 laranjas descascadas e cortadas em gomos
2 colheres de sopa de catchup
1 colher de sopa de açúcar mascavo
2 colheres de sopa de molho de soja light
½ xícara de amendoins picados

Preparo

1 Aqueça uma frigideira wok* em fogo alto por 30 segundos. Adicione o óleo e mexa a frigideira para espalhá-lo bem no fundo e aqueça por mais 30 segundos. Coloque a cenoura e o alho-poró e refogue por 2-3 minutos ou até ficar macio.

2 Junte os gomos de laranja e refogue com cuidado para não desmanchá-los enquanto mexe.

3 Em uma tigela à parte, misture o catchup, o açúcar e o molho de soja. Despeje no wok e refogue tudo por dois minutos.

4 Transfira o refogado para quatro tigelas ou pratos fundos aquecidos e salpique o amendoim picado. Sirva imediatamente.

**Wok*: frigideira funda para preparo de comida oriental.

10 ABACAXI

Um composto especial encontrado nos abacaxis pode ajudar a amenizar a dor da artrite e a prevenir derrames.

O abacaxi tem sido usado como planta medicinal em várias partes do mundo, principalmente nas Américas. Além de ser importante fonte de vitamina C e de muitas outras vitaminas e minerais, como o magnésio, o abacaxi contém uma substância ativa chamada bromelina. Algumas pesquisas revelaram que essa proteína reduz inflamações associadas à artrite e dores nas juntas e pode diminuir a incidência de coágulos causadores de ataques cardíacos e derrames. Infelizmente, existe pouca quantidade desta substância na fruta, já que a maior concentração de bromelina encontra-se no talo não comestível do abacaxi.

- Pode facilitar a digestão e diminuir a dor de artrite e das juntas.
- Ajuda a reduzir o risco de coágulos.
- Importante fonte de vitamina C antioxidante.
- Importante fonte de ácido ferúlico, que atua na prevenção de câncer.

Dicas práticas:
O abacaxi está maduro e pronto para consumo quando a folha se solta facilmente ao ser puxada. Para consumir, corte as folhas de cima e uma fatia fina na base. Descasque e retire os "olhos". Corte em fatias e remova o centro, um pouco mais duro para mastigar. Não use abacaxi fresco em gelatinas – a bromelina impede que a gelatina fique firme. O abacaxi em lata não apresenta teor algum de bromelina, mas retém a maior parte do teor de vitamina C. Abacaxis são deliciosos ao natural, picados e acompanhados de cereais ou iogurte no café da manhã. Experimente servir uma deliciosa sobremesa quente feita com abacaxis assados com um pouco de açúcar mascavo e manteiga.

VOCÊ SABIA QUE...

A bromelina encontrada nos abacaxis é um excelente amaciante de carnes – use algumas colheres de suco de abacaxi em ensopados, cozidos e marinados.

PRINCIPAIS NUTRIENTES ENCONTRADOS EM UMA FATIA DE UM ABACAXI MÉDIO

Kcalorias	40
Gordura total	Traços
Proteínas	0,5 g
Carboidratos	10,6 g
Fibras	1,2 g
Vitamina C	30 mg
Potássio	97 mg
Magnésio	10 mg

Abacaxi grelhado com coalhada e avelãs

SERVE 4–6 (V) (D) (G) (C) (R)

1 abacaxi fresco
Óleo de canola para pincelar
2/3 de xícara de coalhada desnatada
3/4 de xícara de avelãs, sem pele e picadas

Preparo

1 Corte a coroa de folhas do abacaxi. Corte o abacaxi em fatias de 2 cm de espessura. Com uma faca afiada, descasque cada fatia e retire os "olhos". Com a ponta de um descascador de legumes ou com um cortador de biscoitos redondo tire o miolo de cada fatia e corte-as na metade.

2 Pincele uma frigideira ou grelha (pode ser elétrica) com óleo de canola. Se estiver usando grelha elétrica, preaqueça na temperatura alta. Misture a coalhada e as avelãs em uma tigela e reserve.

3 Disponha as fatias de abacaxi na grelha e deixe grelhar por 3-5 minutos ou até dourar. Se estiver usando uma grelha ou frigideira direto no fogo, vire o abacaxi na metade do tempo para dourar dos dois lados. Sirva com iogurte.

11 LIMÃO

Indispensável em muitas receitas, o limão é rico em vitamina C e ajuda a proteger contra alguns tipos de câncer, como o de mama.

A acidez e o frescor do suco do limão realçam o sabor e a casca pode ser usada para aromatizar tanto pratos doces quanto salgados. A acidez e os antioxidantes do suco fazem com que o limão seja muito utilizado para evitar o escurecimento de outras frutas e alimentos quando cortados. Todas as partes do limão contêm nutrientes e antioxidantes importantes. O limão é excelente fonte de vitamina C; contém limoneno, um óleo que atua na prevenção do câncer, entre os quais o câncer de mama e que ajuda a baixar o colesterol "ruim". Estudos indicam que a rutina, outro antioxidante encontrado no limão, fortalece as veias. O limão estimula as papilas gustativas, o que o torna recomendável para inapetentes.

- Rico em vitamina C.
- Tem propriedades desinfetantes e inseticidas.
- O teor de rutina ajuda a fortalecer as veias e a prevenir a retenção de líquidos, principalmente nas pernas.
- Ajuda a aumentar o apetite.

Dicas práticas:
Se for aproveitar a casca, procure comprar limões orgânicos ou lave-os muito bem antes de usar. O limão ficará mais suculento se esquentado por alguns segundos no microondas ou em água quente antes de ser espremido. Quanto mais pesado, maior a quantidade de suco. O suco de limão, por conter pectina, é usado para ajudar geleias e gelatinas a tomar forma e chegar ao ponto, e pode substituir o vinagre como tempero de saladas ou ser adicionado à maionese.

VOCÊ SABIA QUE...

Um limão médio tem cerca de três colheres de sopa de suco. O ácido amaciante dos limões é um ingrediente útil para marinar carnes e fazer ensopados.

PRINCIPAIS NUTRIENTES ENCONTRADOS EM UM LIMÃO MÉDIO

Kcalorias	17
Gordura total	Traços
Proteínas	0,6 g
Carboidratos	5,4 g
Fibras	1,6 g
Vitamina C	31 mg
Potássio	80 mg

Tamboril com pimenta, laranja e limão

SERVE 8 (D) (G) (C)

2 limões
2 laranjas
2 filés de tamboril, de 500 g cada um, sem pele
8 raminhos frescos de tomilho-limão
2 colheres de sopa de azeite de oliva
2 colheres de sopa de pimenta-verde em grãos, levemente esmagados
Sal

Preparo

1 Corte oito fatias de limão e oito fatias de laranja e reserve o restante das frutas. Lave os filés de peixe e seque com toalhas de papel. Disponha os filés sobre a bancada de trabalho e arrume sobre cada um deles fatias de limão e laranja e os raminhos de tomilho, dividindo em quantidades iguais. Enrole e amarre com um barbante. Coloque os filés em uma travessa refratária rasa.

2 Em uma jarra, esprema o suco das frutas reservadas e misture o azeite. Acrescente sal a gosto e espalhe sobre os peixes. Cubra com filme plástico e deixe marinar na geladeira por 1 hora, regando os peixes com a marinada uma ou duas vezes.

3 Preaqueça a grelha elétrica ou a churrasqueira. Escorra o peixe e reserve a marinada. Espalhe os grãos de pimenta sobre os peixes, pressionando bem com os dedos. Asse em fogo médio para alto, virando e pincelando os filés com a marinada, por 20-25 minutos. Transfira para uma tábua, retire o barbante e corte em fatias. Sirva imediatamente.

12 GRAPEFRUIT

Excelente fonte de vitamina C, o consumo de grapefruit, conhecido também como toranja, melhora o sistema imunológico e é benéfico para o coração.

Nos últimos anos, o grapefruit de polpa rosada tornou-se tão popular quanto o branco ou amarelo. É um pouco mais doce e traz mais benefícios à saúde – o pigmento rosado indica a presença de licopeno que atua na prevenção de câncer de próstata e de outros tipos de câncer. Assim como as outras frutas cítricas, o grapefruit, além de apresentar grandes quantidades de vitamina C, também contém bioflavonoides, compostos que parecem aumentar as propriedades benéficas dessa vitamina. Por ter índice glicêmico baixo e poucas calorias, costuma ser incluído no cardápio de regimes e dietas. Seu suco pode alterar o efeito de alguns medicamentos (como os usados para baixar a pressão do sangue), sendo importante checar com o médico responsável antes de consumir, caso esteja seguindo algum tratamento medicamentoso.

- Alto teor de antioxidantes que auxiliam na prevenção do câncer de próstata e de outros tipos de câncer.
- Rico em vitamina C, que melhora o sistema imunológico.
- Excelente opção de fruta para regimes e dietas.
- Ajuda a reduzir crises de dificuldade de respiração em indivíduos com propensão à asma.

Dicas práticas:
Corte na metade, salpique açúcar mascavo e coloque sob calor forte para dourar (use maçarico ou o forno com função dourador) – fica delicioso. Tente comer um pouco da parte branca da casca, pois tem alto teor de nutrientes. Assim como as outras frutas cítricas, quando mais pesados, têm mais suco.

VOCÊ SABIA QUE...

O composto chamado naringenina, responsável pelo sabor levemente amargo de alguns grapefruits, atua na diminuição do colesterol.

PRINCIPAIS NUTRIENTES ENCONTRADOS EM METADE DE UM GRAPEFRUIT ROSADO

Kcalorias	30
Gordura total	Traços
Proteínas	0,5 g
Carboidratos	7,5 g
Fibras	1,1 g
Vitamina C	37 mg
Potássio	127 mg
Betacaroteno	770 mcg
Folato	9 mcg
Cálcio	15 mg

Salada de laranja e grapefruit

SERVE 4 (V) (D) (G) (C) (R)

1 grapefruit rosa
1 grapefruit amarelo
3 laranjas

Preparo

1 Com uma faca afiada, descasque as laranjas e grapefruits.

2 Corte a laranja e o grapefruit entre as membranas, para obter gomos sem pele. Tire as sementes. Misture os gomos sem pele em uma tigela, cubra e leve à geladeira até a hora de servir, ou divida em quatro tigelas ou taças de sobremesa e sirva imediatamente.

13 CEREJAS

Vermelhas e brilhantes, as cerejas são uma das melhores fontes de antioxidantes e auxiliam na prevenção de muitas doenças associadas ao envelhecimento.

Apesar de conter quantidades menores de vitaminas e minerais quando comparadas a outras frutas da mesma família, a cereja é rica em vários compostos vegetais comprovadamente benéficos à saúde. Está em vigésimo lugar na escala ORAC, que mede a capacidade antioxidante das frutas. Contém quercetina, um flavonoide anticancerígeno e com qualidades benéficas ao coração; e cianiclina, um anti-inflamatório que minimiza os sintomas de artrite e gota. A fibra solúvel da cereja ajuda a controlar os níveis do colesterol "ruim". Tem um bom teor de potássio e é fonte razoável de vitamina C e carotenos.

- Alto teor de antioxidantes, que são benéficos ao coração e auxiliam na prevenção dos sinais de envelhecimento.
- Rica em quercetina, que ajuda na prevenção de câncer.
- Rica em cianiclina, que traz alívio para artrite e doenças inflamatórias.
- Suas fibras solúveis ajudam a melhorar o índice de colesterol.

Dicas práticas:
Cerejas frescas têm a pele brilhante e cabinhos verdes. Prefira cerejas vermelhas ou pretas e não as mais claras, pois quanto mais escuras, maior a quantidade de antioxidantes. Conserve em geladeira para evitar a perda de vitamina C. Prefira consumi-las cruas, pois as cerejas frescas tem teor maior de antioxidantes.

VOCÊ SABIA QUE...

A cereja morello é uma variedade de cereja levemente mais ácida do que as variedades doces mais comuns, sendo em geral usada para tortas e pratos cozidos.

PRINCIPAIS NUTRIENTES ENCONTRADOS EM 80 g DE CEREJAS

Kcalorias	50
Gordura total	Traços
Proteínas	0,8 g
Carboidratos	13 g
Fibras	1,7 g
Vitamina C	5,6 mg
Potássio	178 mg
Luteína/Zeaxantina	68 mcg

Cereja rosa

SERVE 1–2 (V) (D) (G) (C) (R)

3 xícaras de cerejas escuras doces
½ limão
1 maçã
½ xícara de uvas rosadas
2 colheres de sopa de iogurte de soja

Preparo

1 Tire os caroços das cerejas. Passe todas as frutas na centrífuga. Com um batedor manual, misture o iogurte, despeje em copos e sirva.

14 MORANGO

Rico em vitamina C, o morango melhora o sistema imunológico e contém substâncias químicas que protegem contra o câncer.

Morangos apresentam grande atividade antioxidante. Extremamente ricos em vitamina C (uma porção média contém a necessidade diária de um adulto), melhoram o sistema imunológico, ajudam na cicatrização de ferimentos, previnem danos arteriais, aumentam a absorção de ferro e fortalecem as paredes dos vasos sanguíneos. Também contêm outras substâncias vegetais fenólicas antioxidantes, como as antocianinas e o ácido elágico, que bloqueiam as células cancerígenas e atuam na prevenção de alguns tipos de câncer. Para finalizar, tem quantidades razoáveis de fibra, folato e potássio.

- Excelente fonte de vitamina C.
- Contém ácido elágico, um composto com propriedades anticancerígenas e antioxidantes.
- Fonte de fibra e fibra solúvel, de potássio, de folato e de zeaxantina, benéficos para a saúde dos olhos.

Dicas práticas:
Prefira morangos arredondados e brilhantes. Os opacos já não estão tão bons. Morangos menores costumam apresentar teores maiores de ácido elágico, concentrado na camada externa e têm sabor mais acentuado. Guarde na geladeira, em um recipiente aerado (com furos para a passagem do ar), por até três dias. Antes de consumir, tire da geladeira e deixe chegar à temperatura ambiente.

VOCÊ SABIA QUE...

Morangos estragam rapidamente depois de lavados, portanto, lave-os momentos antes de servir.

PRINCIPAIS NUTRIENTES ENCONTRADOS EM 100 g DE MORANGOS

Kcalorias	32
Gordura total	0,3
Proteínas	0,7 g
Carboidratos	7,7 g
Fibras	2 g
Vitamina C	59 mg
Potássio	153 mg
Folato	24 mcg
Luteína/Zeaxantina	26 mcg

Semifreddo de morangos e vinagre balsâmico

SERVE 4 (V) (D) (G) (C) (R)

1 colher de chá de mel
⅓ de xícara de água
3 ¼ xícaras de morangos maduros sem os cabinhos
2 colheres de sopa de vinagre balsâmico
4 morangos, cortados na metade para decorar
folhas de hortelã para decorar (opcional)

Preparo

1 Aumente o congelador à potência máxima 2 horas antes de começar. Ferva a água e o mel, mexendo de vez em quando. Diminua o fogo, junte os morangos e deixe cozinhar em fogo baixo por 2 minutos. Retire do fogo e espere esfriar.

2 Coloque os morangos e a calda que se formou no processador, adicione o vinagre balsâmico e bata por 30 segundos. Não deixe o morango desmanchar muito.

3 Coloque essa mistura em um recipiente apropriado e congele por 1 a 1 ½ horas ou até que fique congelado. Enquanto congela, mexa pelo menos uma vez.

4 Com uma colher de sorvete, coloque bolas do semifreddo em copos, decore com as metades de morango e com as folhas de hortelã e sirva. Lembre-se de mudar a potência do congelador para a posição que estava antes.

15 FRAMBOESA

Repleta de vitamina C, fibras e antioxidantes benéficos ao coração, é considerada uma das frutas mais nutritivas.

A framboesa ocupa a sétima posição na escala ORAC. É uma das frutas mais procuradas. É melhor consumi-la crua, pois o cozimento ou processamento destrói alguns dos antioxidantes, principalmente a antocianina. Antocianinas são pigmentos vermelhos e roxos que, segundo estudos, auxiliam na prevenção de alguns tipos de câncer, de algumas doenças cardíacas e de varizes. A framboesa contém altos teores de ácido elágico, um composto com propriedades anticancerígenas. Além disso, é rica em vitamina C, fibras e ferro. Os altos níveis de vitamina C facilitam a absorção de ferro pelo organismo.

- Alta ação antioxidante.
- Ajuda a prevenir varizes.
- Uma porção contém a metade da quantidade diária de vitamina C recomendada.
- Seu alto teor de fibra ajuda a controlar o colesterol "ruim".

Dicas práticas:
As framboesas não devem ser armazenadas por muito tempo, por isso devem ser colhidas apenas quando já estiverem maduras. No entanto, congelam muito bem quando armazenadas em embalagens rígidas e não em sacos plásticos. Evite lavar antes de armazenar, a não ser que seja extremamente necessário, pois podem perder a forma. A pectina, fibra solúvel encontrada na framboesa, a torna excelente para o preparo de geleias.

VOCÊ SABIA QUE...

A framboesa é formada por inúmeras frutinhas chamadas drupéolas, agrupadas ao redor de um talo central. Tem alto teor de fibras, pois cada uma dessas drupéolas tem uma semente.

PRINCIPAIS NUTRIENTES ENCONTRADOS EM 100 g DE FRAMBOESAS

Kcalorias	52
Gordura total	0,6 g
Proteínas	1,2 g
Carboidratos	12 g
Fibras	6,5 g
Vitamina C	26 mg
Vitamina B3	0,6 mg
Vitamina E	0,8 mg
Folato	21 mcg
Potássio	151 mg
Cálcio	25 mg
Ferro	0,7 mg
Zinco	0,4 mg

Delícia de pera e framboesa

SERVE 2 (V) (D) (G) (C) (R)

2 peras d'Anjou ou Bartlett, grandes e maduras
½ xícara de framboesas congeladas
⅓ de xícara de água gelada
Mel a gosto (opcional)
Framboesas frescas para decorar (opcional)

Preparo

1 Descasque as peras e corte em quatro pedaços, removendo as sementes. Bata no liquidificador com as framboesas e a água até ficar homogêneo.

2 Adoce com mel, se as framboesas forem um pouco ácidas. Despeje em copos gelados, decore com as framboesas e sirva.

16 BLUEBERRY

Essa fruta de coloração roxa escura é a mais rica em compostos antioxidantes, que protegem contra o câncer e muitas outras doenças.

O *blueberry* selvagem, ou mirtilo, desconhecido até pouco tempo no Brasil, vem se tornando cada vez mais popular. Ocupa a terceira posição na escala ORAC, o que faz com que apenas uma pequena porção diária seja suficiente para prevenir algumas doenças. Possui o composto pterostilbene, que pode ser tão eficaz quanto os medicamentos industrializados na prevenção de diabetes e alguns tipos de câncer. Tem teor considerável de antocianinas, que atuam na prevenção de doenças cardíacas e perda de memória. É rico em vitamina C e fibras e é, aparentemente, benéfico para infecções do trato urinário.

- Contém um composto que atua na redução dos níveis de colesterol.
- Atua na prevenção da doença cardíaca coronariana, diabetes e câncer.
- Ajuda a combater infecções do trato urinário.
- Parece proteger contra desconfortos intestinais, incluindo intoxicação alimentar.
- O caroteno, na forma de luteína e zeaxantina, ajuda a manter a saúde dos olhos.

Dicas práticas:

O *blueberry* é muito doce e pode ser consumido cru, o que ajuda a preservar o teor de vitamina C. Pode ser cozido rapidamente em pouca água e consumido com o suco obtido no cozimento. Pode ainda incrementar o teor de nutrientes de muffins, bolos, tortas e saladas de frutas. Quando congelado, perde poucos nutrientes.

VOCÊ SABIA QUE...

Blueberries devem ser armazenados em recipientes não metálicos – o contato com o metal faz com que percam a cor.

PRINCIPAIS NUTRIENTES ENCONTRADOS EM 50 g DE BLUEBERRIES

Kcalorias	29
Gordura total	Traços
Proteínas	0,4 g
Carboidratos	7,2 g
Fibras	1,2 g
Vitamina C	5 mg
Vitamina E	2,4 mg
Folato	34 mcg
Potássio	39 mg
Luteína/Zeaxantina	40 mcg

Iogurte com blueberries, mel e castanhas

SERVE 4 (V) (D) (G) (C) (R)

3 colheres de sopa de mel
½ xícara de castanhas (mixed nuts) sem sal
8 colheres de sopa de iogurte natural ou coalhada desnatada
1 ⅓ xícaras de blueberries frescos

Preparo

1 Aqueça o mel em fogo baixo. Junte as castanhas, misturando bem. Retire do fogo e deixe esfriar um pouco.

2 Divida o iogurte em quatro taças de sobremesa ou de sorvete. Cubra com as castanhas e com os *blueberries*.

17 CRANBERRY

Essa pequena fruta vermelha possui uma variedade de benefícios à saúde, como ajudar no funcionamento dos rins.

VOCÊ SABIA QUE...

Se está tomando a substância warfarina, deve evitar consumir a fruta ou o suco de *cranberry*, pois a interação da fruta com o medicamento pode ser fatal.

PRINCIPAIS NUTRIENTES ENCONTRADOS EM ¾ DE XÍCARA DE SUCO DE *CRANBERRY*

Kcalorias	108
Gordura total	Traços
Proteínas	Traços
Carboidratos	26 g
Fibras	Traços
Vitamina C	60 mg
Vitamina E	Traços
Luteína/Zeaxantina	150 mcg

E EM 100 g DE *CRANBERRY* FRESCOS

Kcalorias	46
Gordura total	Traços
Proteínas	0,4 g
Carboidratos	12,2 g
Fibras	4,6 g
Vitamina C	13 mg
Vitamina E	1,2 mg
Luteína/Zeaxantina	91 mcg

O *cranberry* ou oxicoco fresco tem sabor excessivamente azedo e ácido, consumi-lo cru não é muito agradável. É oriundo da América do Norte, onde é muito popular como ingrediente de um molho que acompanha perus assados, servidos em datas especiais. Contudo, desde que suas propriedades benéficas à saúde foram descobertas, é possível encontrar o fruto adoçado e desidratado, além de geleias, tortas e suco de *cranberry*. Sua mais conhecida qualidade é prevenir ou aliviar as infecções do trato urinário. Isso acontece devido à presença de ácido quínico, que aumenta a acidez da urina e de tanino, que é antibacteriano. Esses dois compostos podem ajudar a prevenir úlceras estomacais e doenças cardíacas.

- Seu alto teor de fibra solúvel pode ajudar a reduzir o colesterol ruim.
- Pode proteger contra doenças cardíacas.
- Ajuda a prevenir e aliviar infecções do trato urinário.
- Ajuda a prevenir distúrbios digestivos e úlceras estomacais.

Dicas práticas:
Os *cranberries* vendidos frescos devem ter a pele macia e brilhante. Acredita-se que uma boa maneira para testar se estão frescos é jogar um ao chão – se pular, está fresco! São ricos em pectina, podendo ser usados como ingredientes em geleias de frutas com pouca pectina. A maioria dos produtos à base de *cranberry*, como sucos e frutas secas, tem níveis altos de calorias devido ao açúcar adicionado. Isso faz com que não sejam recomendáveis para quem segue dietas com restrições de açúcar ou calorias.

Suco energético de cranberry

SERVE 2 (V) (D) (G) (C) (R)

3 ¾ de xícara de cranberry, descongelado ou fresco
1 ⅓ xicaras de suco de cranberry sem açúcar, gelado
1 ¼ xícaras de iogurte natural
2-3 colheres de sopa de mel ou a gosto

Preparo

1 Bata os *cranberries* no liquidificador. Junte o iogurte e o mel e bata até ficar homogêneo.

2 Experimente e acrescente mais mel, se necessário. Despeje em copos gelados e sirva imediatamente.

18 AMEIXAS

Pesquisas indicam que os antioxidantes encontrados nas ameixas são benéficos para o coração e pulmões.

Existe uma grande variedade de ameixas, das mais comuns – a vermelha e a roxa – até a de coloração amarela e branca. São bastante conhecidas por conter compostos fenólicos benéficos à saúde – os ácidos neoclorogênicos e clorogênicos – eficazes na neutralização de radicais livres responsáveis por doenças e envelhecimento. A ação antioxidante da ameixa é especialmente benéfica para os tecidos gordurosos do cérebro. As variedades vermelha e roxa são ricas em antocianinas, pigmentos que auxiliam a prevenção de doenças cardíacas e alguns tipos de câncer.

- Recomendada em dietas para perder peso e para diabéticos devido ao baixo índice glicêmico.
- Boa fonte de carotenos, benéficos para a saúde ocular e proteção contra câncer.
- Rica em compostos fenólicos que têm forte ação antioxidante e contribuem para a saúde do cérebro.
- Aumenta a absorção de ferro pelo organismo, mantendo a saúde do sangue e do corpo.

Dicas práticas:
Escolha ameixas não muito maduras e deixe que amadureçam em local fresco, na temperatura ambiente, por 1 a 2 dias – ameixas totalmente maduras contêm mais oxidantes. O cozimento libera os nutrientes da ameixa na água, portanto, use pouca água para cozinhá-las e consuma o suco também.

VOCÊ SABIA QUE...

A ameixa é nativa da China e Europa e tem sido usada como alimento há 2.000 anos, pelo menos. E são mais de 2.000 as variedades dessa fruta.

PRINCIPAIS NUTRIENTES ENCONTRADOS EM UMA AMEIXA MÉDIA

Kcalorias	30
Gordura total	Traços
Proteínas	0,5 g
Carboidratos	7,5 g
Fibras	0,9 g
Vitamina C	6,3 mg
Betacaroteno	125 mcg
Potássio	104 mg
Ferro	0,4 mcg
Luteína/Zeaxantina	48 mcg

Compota de ameixa-preta

SERVE 4 (V) (G) (C) (R)

600 g de ameixas-pretas, cortadas ao meio e sem caroço
Creme de leite desnatado batido ou sour cream (creme azedo) para acompanhar

Calda

¾ de xícara de açúcar
¾ xícaras de água
3 folhas de louro frescas, rasgadas
Raspas de laranja

Preparo

1 Coloque as metades de ameixa em tigelas de sobremesa.
2 Aqueça os ingredientes da calda e deixe ferver por 7-10 minutos, mexendo sempre. Em seguida, coe ainda quente sobre as ameixas e deixe esfriar na temperatura ambiente. Sirva com o creme.

19 MELÃO

A polpa suculenta do melão é rica em vitamina C e fonte importante de potássio, que ajuda a prevenir a retenção de líquido.

O melão pode ajudar a manter o bom funcionamento dos rins, pois contém 92% de água. A variedade de cor laranja é uma grande fonte de betacaroteno e tem alto teor de vitamina C, embora as quantidades possam variar entre os diferentes tipos de melões de cor laranja. Todos os melões são ricos em vitamina B6 e potássio. Boa parte das diferentes variedades tem alto teor de bioflavonoides, substâncias anticancerígenas e antienvelhecimento que atuam na prevenção de doenças cardíacas. Os melões são também ricos em fibras solúveis, enquanto a melancia (da família do melão) é uma excelente fonte de licopeno, que ajuda a proteger contra o câncer de próstata.

- Alto teor de potássio ajuda a prevenir a retenção de líquidos e equilibrar o sódio no organismo.
- As fibras solúveis são benéficas para as artérias e ajudam a manter o colesterol "ruim" em níveis baixos.
- O teor de betacaroteno das variedades de cor laranja é um dos mais altos entre as frutas e legumes.
- A melancia contém citrulina, um aminoácido que ajuda a circulação de sangue nos músculos, bom para praticantes de ginástica e esportes.

Dicas práticas:
Prefira os melões de aroma acentuado, sinal de que estão maduros, pois, ao contrário da maioria das frutas, os melões não amadurecem logo depois de colhidos. Rugas na casca indicam que o melão já passou do ponto. Armazene em local fresco, em temperatura ambiente.

VOCÊ SABIA QUE...

Se comprar metade ou um quarto de um melão, embale em filme plástico para evitar que outros alimentos absorvam seu forte aroma e guarde na geladeira.

PRINCIPAIS NUTRIENTES ENCONTRADOS EM UM MELÃO CANTALOUPE MÉDIO

Kcalorias	28
Gordura total	Traços
Proteínas	1 g
Carboidratos	6,3 g
Fibras	1,5 g
Vitamina C	39 mg
Potássio	315 mg
Betacaroteno	2647 mcg

Presunto cru com melão e aspargos

SERVE 4 (D) (C) (R)

225 g de aspargos
1 melão pequeno ou ½ melão cantaloupe médio
55 g de presunto cru, em fatias bem finas
150 g de salada de folhas mista ou rúcula
¾ de xícara de framboesas frescas
1 colher de sopa de queijo parmesão ralado grosso

Molho

1 colher de sopa de vinagre balsâmico
2 colheres de sopa de vinagre de framboesas
2 colheres de sopa de suco de laranja

Preparo

1 Corte a pontinha dos aspargos e corte-os na metade se forem muito compridos. Cozinha em água e sal por 5 minutos ou até ficar macio. Escorra e esfrie em água corrente. Reserve.

2 Corte o melão ao meio e tire as sementes com uma colher. Corte em pedaços no sentido do comprimento e tire a casca. Separe as fatias de presunto, corte na metade e enrole nos melões.

3 Arrume a salada verde numa travessa. Ponha os melões em cima das folhas e arrume os aspargos em volta. Salpique com as framboesas e o parmesão.

4 Para o molho, coloque os vinagres e o suco em um vidro com tampa, feche bem e agite até misturar bem. Despeje sobre a salada e sirva.

20 AMORA

As suculentas amoras são pequenas centrais de energia de saúde, ricas em antioxidantes que protegem contra doenças cardiovasculares.

Opção deliciosa e refrescante em um dia de verão, essas saborosas frutinhas são também altamente benéficas à saúde, segundo recentes descobertas. Estão muito próximas do *blueberry* na escala ORAC. A coloração escura é sinal do alto teor de vários compostos, entre eles as antocianinas e o ácido elágico, que combatem doenças cardíacas, câncer e envelhecimento. Além disso, as amoras são ricas em fibras e minerais, incluindo magnésio, zinco, ferro e cálcio. O alto teor de vitamina E protege o coração e mantém a pele saudável.

- Alto teor de ácido elágico, substância química que bloqueia as células cancerígenas.
- Rica em vitamina E e fibras.
- Boa fonte de vitamina C, que melhora o sistema imunológico.
- Fonte de folato, útil para a saúde do sangue.

Dicas práticas:
As amoras, quando bem secas, ficam brilhantes e viçosas. Caso contrário, estarão passadas e com menor quantidade de vitamina C. Quanto mais escura a amora, maior o teor de ácido elágico. Podem ser usadas em geleias, tortas e outros doces, pois o ácido elágico não é destruído com o cozimento. Contudo, para melhor aproveitar a vitamina C, prefira ao natural. Amoras congelam bem – armazene-as em recipientes com tampa ou arrume em uma bandeja, sem encostar umas nas outras, e, depois de congeladas, coloque de volta no congelador em sacos plásticos.

VOCÊ SABIA QUE...

A amora-preta contém salicilato, semelhante ao ingrediente ativo da aspirina. Por esse motivo, portadores de alergia à aspirina podem apresentar a mesma reação ao consumir amoras.

PRINCIPAIS NUTRIENTES ENCONTRADOS EM 100 g DE AMORAS

Kcalorias	25
Gordura total	Traços
Proteínas	0,9 g
Carboidratos	5 g
Fibras	3,1 g
Vitamina C	15 mg
Vitamina E	2,4 mg
Folato	34 mcg
Potássio	160 mg
Cálcio	41 mg
Ferro	0,7 mg

Sobremesa de frutas vermelhas

SERVE 6–8 (D) (G) (C)

12 g de gelatina sabor morango em pacote
¾ de xícara de suco de cranberry
500 g de framboesas, morangos, blueberries e amoras, mais a quantidade para decorar

Preparo

1 Faça a gelatina de acordo com as instruções do pacote, substituindo uma parte da água pelo suco de cranberry. Coloque as frutas vermelhas no fundo de taças de sobremesa ou potinhos descartáveis e cubra com a gelatina. Leve à geladeira por 6 horas ou até firmar. Decore com mais frutas vermelhas e sirva.

2 Para fazer camadas coloridas, use duas gelatinas de cores diferentes. Coloque um quarto das frutas na taça e cubra com metade de uma gelatina. Leve à geladeira até firmar, faça mais uma camada de frutas e cubra com metade da outra gelatina. Leve à geladeira novamente. Repita a operação duas vezes, alternando as cores da gelatina. Leve à geladeira até ficar bem firme.

2

LEGUMES E VERDURAS

Carotenos, cálcio e ferro são apenas algumas das substâncias benéficas à saúde encontradas em legumes e verduras. Sirva uma porção de seu legume ou verdura predileto como acompanhamento ou experimente qualquer uma das receitas apresentadas neste capítulo.

(V) recomendado para vegetarianos
(D) ideal para quem está de dieta ou regime
(G) recomendado para grávidas
(C) recomendado para crianças com mais de 5 anos
(R) rápido para preparar e cozinhar

21 BRÓCOLIS

De todas as hortaliças da família das brassicáceas, o brócolis possui os mais altos índices de proteção contra o câncer de próstata.

São muitas as variedades de brócolis, porém os mais escuros contêm mais nutrientes. O sulforano e o indol têm propriedades anticancerígenas importantes que previnem, principalmente, o câncer de mama e o de intestino. Seu alto teor de flavonoides, podem ajudar no combate à formação de câncer no ovário. Apresenta substâncias químicas que protegem contra úlceras estomacais, câncer de estômago e de pulmão e, provavelmente, de pele. Pode agir como desintoxicante, ajudando a baixar o colesterol "ruim", a melhorar o sistema imunológico e a proteger contra cataratas.

- Rico em nutrientes que protegem contra alguns tipos de câncer.
- Contém sustâncias químicas que ajudam a baixar o colesterol "ruim" e a proteger contra doenças cardíacas.
- Luteína e zeaxantina ajudam a prevenir a degeneração macular.
- Ajuda a eliminar a bactéria *H.pylori*.
- Alto teor de cálcio, importante para a formação e manutenção óssea.
- Excelente fonte de antioxidantes, como a vitamina C e o selênio.
- 3-5 porções por semana ajudam a prevenir o câncer.

Dicas práticas:
Escolha os de cores vivas e evite os que apresentam marcas marrons ou amarelas nas flores. Conserve em geladeira e consuma dentro de poucos dias depois da compra. Brócolis congelado contém os mesmos nutrientes que o brócolis fresco. Ao preparar, cozinhe no vapor ou refogue.

VOCÊ SABIA QUE...

Além do caule e das flores, você também pode comer as folhas do brócolis. São tão nutritivas quanto o brócolis e tem o mesmo sabor!

PRINCIPAIS NUTRIENTES ENCONTRADOS EM 100 g DE BRÓCOLIS

Kcalorias	34
Gordura total	0,4 g
Proteínas	2,8 g
Carboidratos	6,6 g
Fibras	2,6 g
Vitamina C	89 mg
Selênio	2,5 mcg
Betacaroteno	361 mcg
Cálcio	47 mg
Luteína/Zeaxantina	1403 mcg

Brócolis refogado com amendoim

SERVE 4 (V) (D) (C) (R)

3 colheres de sopa de óleo de canola

1 talo de capim-limão, picado grosseiramente

2 pimentas vermelhas frescas, sem sementes e picadas

1 pedaço de 2,5 cm de gengibre fresco, descascado e ralado

*3 folhas de lima kaffir**

3 colheres de sopa de pasta de curry verde tailandesa

1 cebola picada

1 pimentão vermelho, sem sementes e picado

350 g de brócolis, só as flores

115 g de vagens finas

1/3 de xícara de amendoim torrado sem sal

Preparo

1 Bata duas colheres de sopa de óleo, capim-limão, pimentas, gengibre, folhas de kaffir e a pasta de curry no processador, até obter uma pasta.

2 Aqueça uma frigideira wok em fogo alto por 30 segundos. Coloque o restante do óleo, mexa a frigideira para espalhar bem e aqueça por mais 30 segundos. Junte a pasta batida no processador, a cebola e o pimentão e refogue por 2-3 minutos ou até que os legumes fiquem macios. Acrescente os brócolis e as vagens, tampe e cozinhe em fogo baixo por 4-5 minutos, até ficar macio.

3 Acrescente o amendoim, mexa bem e sirva.

**Lima kaffir:* ingrediente usado na culinária do Sudeste Asiático.

22 CENOURA

A mais rica em caroteno, a cenoura pode proteger contra alguns tipos de câncer e doenças cardiovasculares, além de trazer benefícios para os olhos e o pulmão.

A cenoura é uma raiz e, entre os legumes desse tipo, é um dos mais nutritivos. É excelente fonte de antioxidantes e é o legume que apresenta o mais alto teor de caroteno, que lhe dá a coloração laranja. Essas substâncias podem ajudar a proteger contra doenças cardiovasculares e câncer. O caroteno pode reduzir a ocorrência de doenças cardíacas em 45% e traz benefícios para os olhos e pulmões. É rica em fibras, vitaminas C e E, cálcio e potássio. Pesquisas demonstraram que o falcarinol, presente na cenoura, ajudou a diminuir o tamanho de tumores em ⅓.

- Seu alto teor de caroteno pode ajudar a prevenir níveis elevados de colesterol e doenças cardíacas.
- Pode ajudar na prevenção de alguns tipos de câncer e enfisema.
- Mulheres que consomem pelo menos cinco cenouras por semana estão três vezes menos sujeitas a sofrer derrames.
- Traz benefícios para a visão noturna.
- Contém grande variedade de vitaminas, minerais e fibras.

Dicas práticas:
Quanto mais forte for a coloração laranja da cenoura, maior a quantidade de carotenos. Remova qualquer ponto verde da ponta da cenoura antes de cozinhar – pode ser levemente tóxico. Os nutrientes são mais facilmente absorvidos pelo organismo quando a cenoura é cozida. Adicionar um pouco de óleo durante o cozimento facilita a absorção de carotenos.

VOCÊ SABIA QUE...

O consumo exagerado de cenoura pode provocar a carotenemia, distúrbio que deixa a pele alaranjada, mas que não traz prejuízos à saude.

PRINCIPAIS NUTRIENTES ENCONTRADOS EM 100 g DE CENOURAS

Kcalorias	41
Gordura total	Traços
Proteínas	0,9 g
Carboidratos	9,6 g
Fibras	2,8 g
Vitamina C	6 mg
Vitamina E	0,7 mg
Betacaroteno	8285 mcg
Cálcio	33 mg
Potássio	320 mg
Luteína/Zeaxantina	256 mcg

Salada de cenoura Gujarat

SERVE 4–6 (V) (D) (C) (R)

450 g de cenouras descascadas
1 colher de sopa de óleo de canola
½ colher de sopa de sementes de mostarda-preta
½ colher de sopa de sementes de cominho
1 pimenta chili verde fresca, sem sementes e picada ou ½ colher de chá de pimenta comari picada
½ colher de chá de açúcar
½ colher de chá de sal
1 pitada de cúrcuma moída
1 ½ - 2 colheres de sopa de suco de limão

Preparo

1 Rale as cenouras no ralo grosso e reserve.

2 Aqueça uma frigideira wok por 30 segundos. Coloque o óleo e aqueça por mais 30 segundos. Adicione as sementes de mostarda e cominho e refogue até que comece a pipocar. Retire do fogo imediatamente e misture a pimenta, o açúcar, o sal e a cúrcuma. Espere esfriar por 5 minutos.

3 Junte os temperos da frigideira, um pouco de azeite ou óleo de sua preferência e o suco de limão às cenouras raladas. Misture tudo muito bem e acerte o tempero, se necessário. Tampe e leve à geladeira por pelo menos 30 minutos. Mexa a salada antes de servir.

23 PIMENTÃO

As cores vivas do pimentão indicam alto teor de carotenos, que trazem benefícios para o coração e ajudam na prevenção de câncer. Além disso, o pimentão é rico em vitamina C.

A coloração dos pimentões é bastante variada. Os de casca vermelha e alaranjada contêm maior teor de vitamina B6 e carotenos. No entanto, todos são riquíssimos em vitamina C – uma porção média contém mais do que a dose diária recomendada. Em geral, quanto mais escuros, maior o teor de substâncias benéficas à saúde, como os bioflavonoides – que ajudam na prevenção do câncer –, os fenóis, que ajudam a inibir a ação de substâncias causadoras de câncer, e o estenol, vegetal que parece ter ação anticancerígena.

- Rica fonte de vitaminas, minerais e substâncias químicas vegetais.
- Extremamente rico em vitamina C e excelente fonte de vitamina E.
- Vários componentes anticancerígenos.
- Alto teor de luteína, que ajuda a proteger contra degeneração macular.
- Boa fonte de vitamina B6, que auxilia a redução dos níveis de homocisteína no sangue. Esses níveis, quando altos, são associados com um risco maior de doenças cardíacas, derrames, doença de Alzheimer e osteoporose.

Dicas práticas:
Cozinhe o pimentão e regue com um pouco de óleo antes de consumir, para melhor aproveitar o caroteno. Refogue tiras bem finas de pimentão ou corte ao meio, tire as sementes, pincele com azeite e asse. Em saladas, cru, tempere com azeite de oliva para garantir uma boa absorção. Pimentões frescos podem ser descaroçados, fatiados e congelados em sacos plásticos.

VOCÊ SABIA QUE...

O pimentão é nativo da América do Sul e existem indícios de seu uso há mais de 5.000 anos. Na Idade Média, foi levado para a Europa pelos exploradores espanhóis e portugueses.

PRINCIPAIS NUTRIENTES ENCONTRADOS EM UM PIMENTÃO MÉDIO

Kcalorias	39
Gordura total	0,5 g
Proteínas	1,5 g
Carboidratos	9 g
Fibras	3 g
Vitamina C	285 mg
Folato	0,7 mcg
Niacina	1,5 mg
Vitamina B6	0,44 mg
Vitamina E	2,4 mg
Potássio	317 mcg
Ferro	0,7 mg
Betacaroteno	2436 mcg
Betacriptoxantina	735 mcg
Luteína/Zeaxantina	77 mcg

Suco energético de pimentão vermelho

SERVE 2 (V) (D) (G) (C) (R)

1 xícara de suco de cenoura (passe a cenoura em uma centrífuga ou bata com um pouco de água no liquidificador)
1 xícara de suco de tomate
2 pimentões vermelhos grandes, sem caroço e picados
1 colher de sopa de suco de limão
Pimenta

Preparo

1 Bata o suco de cenoura e o de tomate no liquidificador ou processador.

2 Junte os pimentões e o suco de limão. Tempere com a pimenta. Bata tudo até ficar homogêneo. Despeje em copos altos e sirva.

24

COUVE-DE--BRUXELAS

Por conter muitos nutrientes benéficos à saúde, a couve-de-bruxelas pode oferecer bons níveis de proteção contra câncer.

A couve-de-bruxelas é um legume típico do inverno, com alto teor de vitamina C e muitos nutrientes que melhoram o sistema imunológico. É rica em sulforafano, desintoxicante que ajuda o organismo a eliminar potenciais carcinomas. Pesquisas indicam que, quando consumidas regularmente, ajudam a prevenir danos no DNA e podem minimizar a propagação do câncer de mama. Além disso, contém pequenas quantidades de gordura Ômega-3, zinco e selênio (mineral que não é consumido nas doses diárias recomendadas por muitos adultos). O consumo de boas quantidades de couve-de-bruxelas e outras brassicáceas diminui o risco de câncer de próstata, de intestino e de pulmão.

- Rica em compostos orgânicos, entre eles o indol, que parece inibir a proliferação de câncer.
- Muito rica em vitamina C, benéfica para o sistema imunológico.
- O teor do composto orgânico indol pode ajudar a manter o colesterol ruim em níveis baixos.
- Teor de fibras muito alto, que ajuda a manter um bom funcionamento do intestino.

Dicas práticas:

Escolha as bem verdes, com estrutura compacta e sem folhas amareladas. Para preservar os nutrientes, ferva ou cozinhe no vapor rapidamente. Não cozinhe demais para não perder a vitamina C. O cozimento excessivo também altera o sabor e libera um odor forte e não muito agradável.

VOCÊ SABIA QUE...

A couve-de-bruxelas é originária de uma região na Bélgica próxima de Bruxelas. Fora dessa região, seu cultivo e consumo só se difundiu no início do século XX.

PRINCIPAIS NUTRIENTES ENCONTRADOS EM 100 g DE COUVE-DE-BRUXELAS

Kcalorias	43
Gordura total	0,3 g
Proteínas	3,4 g
Carboidratos	9 g
Fibras	3,8 g
Vitamina C	85 mg
Folato	61 mcg
Magnésio	23 mg
Cálcio	42 mg
Selênio	1,6 mcg
Zinco	0,4 mg
Betacaroteno	450 mcg
Luteína/Zeaxantina	1590 mcg

Couve-de-bruxelas com castanhas

SERVE 4 (V) (D) (G) (C) (R)

350 g de couves-de-bruxelas
2 colheres de sopa de margarina light
100 g de castanhas inteiras em lata, escorridas ou 100 g de castanhas cozidas embaladas a vácuo
1 pitada de noz-moscada ralada
Sal e pimenta
½ xícara de amêndoas fatiadas, para enfeitar

Preparo

1 Cozinhe a couve-de-bruxelas em água com um pouco de sal por cinco minutos. Escorra bem.

2 Derreta a margarina. Adicione as couves-de-bruxelas e refogue por três minutos. Junte as castanhas e a noz-moscada. Tempere com sal e pimenta a gosto e misture bem. Cozinhe por mais dois minutos e retire do fogo. Transfira para uma travessa aquecida, enfeite com as amêndoas e sirva.

25 FAVA

A melhor qualidade da fava é ter um altíssimo teor de fibras e auxiliar na redução do colesterol "ruim".

VOCÊ SABIA QUE...

A fava, também chamada feijão-fava, contém L-dopa, uma substância que produz dopamina, neurotransmissor associado ao fator "sentir-se bem" do cérebro.

PRINCIPAIS NUTRIENTES ENCONTRADOS EM 100 g DE FEIJÃO-FAVA

Kcalorias	81
Gordura total	0,6 g
Proteínas	8 g
Carboidratos	11,7 g
Fibras	6,5 g
Vitamina C	8 mg
Folato	32 mcg
Niacina	3,0 mg
Betacaroteno	225 mcg
Magnésio	36 mg
Potássio	280 mg
Ferro	1,6 mg
Cálcio	56 mg
Zinco	1,0 mg

Depois de colhida e tirada da vagem, a fava é geralmente consumida fresca ou congelada, mas também pode passar por uma secagem e ser preparada da mesma maneira que outros tipos de feijão. Vagens pequenas e ainda verdes podem ser cozidas e consumidas inteiras. Os grãos de feijão-fava são ricos em arabinose, uma fibra solúvel que pode melhorar o índice de lipídios no sangue. Também contém o flavonoide quercetina, que ajuda a prevenir doenças cardíacas. Além disso, a fava é boa fonte de betacaroteno anticancerígeno, niacina (vitamina B3), folato, vitamina C e proteína vegetal. Tem teor de cálcio mais alto do que outros legumes e hortaliças e boa quantidade de magnésio, ferro, zinco e potássio.

- Seu alto teor de fibras e fibras solúveis pode baixar o colesterol ruim.
- A quercetina, o magnésio e a vitamina C ajudam a proteger o coração.
- Fonte muito boa de uma ampla variedade de minerais importantes.
- Pode ajudar o bom funcionamento do fígado e da vesícula.

Dicas práticas:
As vagens da fava quando frescas devem ser verdes e firmes. Vagens amolecidas ou com manchas marrons já estão passadas. Os feijões devem ser colhidos quando pequenos, assim, será possível consumir a casca de cada feijão, onde se concentram as fibras. Feijões muito novos podem ser comidos crus. Quando mais velhos, é melhor remover a pele e cozinhar no vapor para não perder a vitamina C e a niacina.

Salada de feijão-fava

SERVE 4 (V) (D) (G) (C) (R)

2,5 kg de favas frescas tiradas da vagem ou 425 g de favas congeladas
2 tomates sem pele e sem sementes, em cubos
3 colheres de sopa de manjericão fresco
4 colheres de sopa de queijo parmesão ralado grosso

Molho

1 colher de chá de vinagre de vinho branco
1 dente de alho, espremido
4 colheres de sopa de azeite de oliva extravirgem
Sal e pimenta

Preparo

1 Cozinhe os feijões-fava em água fervente por 3 minutos ou até ficarem macios. Escorra e divida entre quatro pratos ou travessas.

2 Com um batedor manual, bata os ingredientes do molho e despeje sobre os feijões ainda quentes.

3 Enfeite com os cubinhos de tomate, manjericão e queijo ralado. Sirva na temperatura ambiente.

26 TOMATE

É um dos alimentos mais saudáveis por conter licopeno (pode prevenir o câncer de próstata) e compostos que ajudam a impedir a formação de coágulos no sangue.

O tomate é a principal fonte do licopeno dietético, um caroteno antioxidante que combate doenças cardíacas e que pode ajudar a prevenir o câncer de próstata. Além disso, contém salicilatos (responsáveis pelo efeito anticoagulante) e outros antioxidantes, como vitamina C, quercetina e luteína. Tem poucas calorias, alto teor de potássio e quantidade razoável de fibras.

- Excelente fonte de licopeno, que ajuda a prevenir câncer de próstata.
- Um tomate médio contém quase ¼ da quantidade diária de vitamina C recomendada para um adulto.
- Rico em potássio, que ajuda a regular os fluidos do organismo.
- Contém luteína e quercetina, que ajudam a prevenir cataratas e a manter o coração e os olhos sadios.
- Contém salicilatos, de efeito anticoagulante.

Dicas práticas:
Quanto mais vermelho e mais maduro, maior o teor de licopeno. Tomates amadurecidos no pé contêm mais licopeno que aqueles que amadurecem depois de colhidos. A casca é mais rica em nutrientes do que a polpa, e a parte central, das sementes, tem alto teor de salicilatos, portanto, só descasque e tire as sementes quando necessário. A absorção de licopeno pelo organismo é melhor quando o tomate cru ou cozido é consumido com azeite ou óleo, tais como os usados para temperar saladas.

VOCÊ SABIA QUE...

O licopeno é, na verdade, mais ativo em produtos industrializados à base de tomate, como o catchup, extrato de tomate e suco de tomate do que no tomate cru, ao natural.

PRINCIPAIS NUTRIENTES ENCONTRADOS EM 100 g DE TOMATE

Kcalorias	18
Gordura total	0,2 g
Proteínas	0,9 g
Carboidratos	3,9 g
Fibras	1,2 g
Vitamina C	12,7 mg
Potássio	237 mg
Licopeno	2573 mcg
Luteína/Zeaxantina	123 mcg

Molho de tomate

RENDE CERCA DE
2½ XÍCARAS (V) (D) (G) (C)

1 colher de sopa de azeite de oliva
1 cebola pequena picada
2-3 dentes de alho, amassados (opcional)
1 talo pequeno de salsão, bem picado
1 folha de louro
450 g de tomates, descascados e picados
1 colher de sopa de extrato de tomate, diluído em ⅔ de xícara de água
Alguns raminhos de orégano fresco
Pimenta

Preparo

1 Aqueça o óleo em uma panela de fundo grosso. Adicione a cebola, o alho, o salsão e o louro e refogue por 5 minutos, sem parar de mexer.

2 Acrescente os tomates e o extrato diluído. Tempere com pimenta a gosto e junte o orégano. Deixe levantar fervura, diminua o fogo e tampe a panela. Cozinhe por 20-25 minutos, mexendo de vez em quando, até que os tomates desmanchem. Se preferir um molho mais espesso, cozinhe por mais 20 minutos.

3 Retire as folhas de louro e os raminhos de orégano. Bata no processador até obter um purê grosso. Se preferir um molho mais fino, passe numa peneira não metálica. Experimente e ajuste os temperos, se necessário. Aqueça novamente antes de usar.

27 ESPINAFRE

Ao contrário do que diz a crença popular, o espinafre não é tão rico em ferro quanto se imaginava. Apesar disso, traz muitos benefícios excelentes para a saúde.

Estudiosos descobriram que os compostos flavonoides do espinafre agem como antioxidantes e ajudam a combater câncer de estômago, pele, mama, próstata, entre outros. O espinafre tem alto teor de caroteno, que protege a visão. É rico em vitamina K, que ajuda a fortalecer os ossos e a prevenir a osteoporose. Além disso, o espinafre também contém peptídeos, elementos proteicos que podem ajudar a baixar a pressão sanguínea. O teor relativamente alto de vitamina E pode ajudar a reduzir a degradação cognitiva em idosos.

- Contém caroteno e flavonoides que podem auxiliar na prevenção de alguns tipos de câncer.
- Contém vitamina C, folato e caroteno, que podem ajudar a manter a saúde arterial e prevenir a arteriosclerose.
- Benéfico para os olhos.
- Contém vitamina K, que pode ajudar a melhorar a densidade óssea.

Dicas práticas:
Evite comprar espinafre com folhas começando a amarelar. As folhas cozidas e regadas com um pouco de azeite favorecem a absorção de caroteno. As folhas cozidas no vapor ou refogadas retém mais antioxidantes. Quando cozinhar, lave as folhas e coloque na panela sem adicionar água e mexa, se necessário.

VOCÊ SABIA QUE...

Pesquisadores descobriram que animais de laboratório em idade avançada, alimentados com uma dieta rica em espinafre, apresentaram melhora significativa da capacidade de aprendizagem e das habilidades motoras.

PRINCIPAIS NUTRIENTES ENCONTRADOS EM 100 g DE ESPINAFRE

Kcalorias	23
Gordura total	0,4 g
Proteínas	2,9 g
Carboidratos	3,6 g
Fibras	2,2 g
Vitamina C	28 mg
Folato	194 mcg
Vitamina E	2 mg
Vitamina K	482 mcg
Potássio	558 mg
Magnésio	79 mg
Cálcio	99 mg
Ferro	2,7 mg
Betacaroteno	5626 mcg
Luteína/Zeaxantina	12198 mcg

Curry vermelho com mix de folhas

SERVE 4 (V) (D) (C) (R)

2 colheres de sopa de óleo de canola
2 cebolas, cortadas em fatias bem finas
1 maço de aspargos
1 ¾ xícaras de leite de coco desnatado
2 colheres de sopa de curry vermelho em pasta
3 folhas de lima kaffir
225 g de folhas de espinafre bem novo
2 bok choy (acelgas chinesas) picadas
1 acelga comum ou repolho pequeno picado
1 punhado de coentro fresco, picado
Arroz cozido, para acompanhar

Preparo

1 Aqueça uma frigideira wok por 30 segundos. Coloque o óleo, mexa a frigideira para espalhá-lo e aqueça por mais 30 segundos. Junte as cebolas e aspargos e refogue por 1-2 minutos.

2 Adicione o leite de coco, a pasta de curry, as folhas de lima e mantenha o fogo baixo até quase ferver. Acrescente o espinafre, acelgas e repolho e cozinhe por 2-3 minutos, ou até secar e ficar macio. Misture o coentro e sirva com arroz.

28 ALHO

O alho, há muitos anos considerado benéfico à saúde, é um antibiótico útil e que também pode ajudar a reduzir o risco tanto de doenças cardíacas quanto cancerígenas.

Apesar de ser frequentemente utilizado em pequenas quantidades, o alho exerce grande influência na saúde. É rico em compostos sulfúricos poderosos, responsáveis tanto pelo forte odor quanto pelos benefícios à saúde. Pesquisas indicam que o alho pode minimizar o risco de doenças cardíacas e de alguns tipos de câncer. Além disso, funciona como um poderoso antibiótico, inibindo infecções fúngicas, tais como o pé de atleta, e, aparentemente, reduz úlceras estomacais. Se consumido em quantidades razoáveis, torna-se boa fonte de vitamina C, selênio, potássio e cálcio. Deve-se amassar ou picar o alho alguns minutos antes de usar.

- Pode evitar a formação de coágulos sanguíneos e placas arteriais e também de doenças cardíacas.
- O consumo regular de alho pode reduzir, de modo significativo, o risco de câncer de próstata, intestino e estômago.
- Antifúngico, antiviral e antibiótico natural.
- Pode ajudar a prevenir úlceras estomacais.

Dicas práticas:
Escolha bulbos grandes, firmes e sem marcas. Armazene em um recipiente aerado (com furos ou aberturas para o ar) em local fresco, pouco iluminado e seco. Antes de descascar, amasse levemente com a lâmina de uma faca – a casca sai mais facilmente; muito tempo de cozimento destrói os componentes benéficos. Comer salsinha ameniza o hálito deixado pelo alho.

VOCÊ SABIA QUE...

Carnes cozidas em altas temperaturas, como ensopados e churrascos, podem provocar um efeito carcinogênico. Porém, quando o alho é usado como tempero, há uma redução na produção das substâncias que favorecem o câncer.

PRINCIPAIS NUTRIENTES ENCONTRADOS EM DOIS DENTES DE ALHO

Kcalorias	9
Gordura total	Traços
Proteínas	0,4 g
Carboidratos	2 g
Fibras	Traços
Vitamina C	2 mg
Potássio	24 mg
Cálcio	11 mg
Selênio	1 mcg

Cogumelos com alho assado e cebolinha verde

SERVE 4 (V) (D) (G) (C)

2 cabeças de alho
2 colheres de sopa de azeite de oliva
350 g de cogumelos variados, cortados ao meio se forem grandes
1 colher de sopa de salsinha fresca picada
8 cebolinhas verdes, cortadas em pedaços de 2,5 cm
Sal e pimenta

Preparo

1 Preaqueça o forno a 180 °C. Corte o topo das cabeças de alho e aperte para soltar os dentes. Coloque-os em uma travessa refratária e tempere com sal e pimenta. Regue com 2 colheres de chá do azeite de oliva e asse por 30 minutos. Retire do forno e regue com 1 colher de chá de azeite. Leve de volta ao forno e asse por mais 45 minutos. Retire do forno, espere esfriar e descasque.

2 Coloque o óleo da travessa refratária em uma frigideira. Junte o restante do óleo de oliva e deixe esquentar um pouco. Acrescente os cogumelos e refogue em fogo médio, por 4 minutos, mexendo sempre.

3 Adicione os alhos assados, a salsinha e a cebolinha e cozinhe por 5 minutos, sem parar de mexer. Tempere com sal e pimenta a gosto e sirva imediatamente.

29 ALCACHOFRA

Por ter baixas calorias, é ideal para regimes e dietas. Contém cinarina, substância que parece ser benéfica para o fígado.

Uma iguaria deliciosa, a alcachofra é o broto da flor de uma grande planta perene. Em geral, é servida como aperitivo, mas apenas a parte carnuda das folhas ou pétalas e o fundo (mais nutritivo) são comestíveis. É uma das fontes mais ricas de vários minerais, incluindo cálcio, ferro, magnésio e potássio. Além disso, tem alto teor de fibras e contém um composto chamado ciarina, que pode melhorar as funções do fígado.

- Muito rica em minerais como cálcio, ferro e magnésio, mineral antioxidante benéfico para os ossos e o coração.
- Alto teor de fibras, com grande proporção de fibras solúveis, benéficas para o colesterol.
- Boa fonte de vitamina C e folato.
- Poucas calorias e índice glicêmico baixo.

Dicas práticas:
As alcachofras novas, bem pequenas, podem ser consumidas inteiras. Quanto às maiores corte o talo e ⅓ da ponta das folhas e remova as folhas externas mais duras, arrancando-as com a mão. Cozinhe em água com um pouco de suco de limão por 20 minutos ou até que as folhas possam ser puxadas facilmente. Coma apenas a parte carnuda das folhas e remova os espinhos para chegar até o fundo da alcachofra. Essa parte nutritiva fica deliciosa coberta com molho de sua preferência. Combina muito bem com macarrão ou pode ser servida fria em saladas.

VOCÊ SABIA QUE...

Ao preparar alcachofras, é aconselhável usar panelas de aço inoxidável, vidro ou esmalte, pois elas oxidam e perdem a cor quando em contato com ferro, cobre e alumínio.

PRINCIPAIS NUTRIENTES ENCONTRADOS EM UMA ALCACHOFRA MÉDIA

Kcalorias	60
Gordura total	Traços
Proteínas	4,2 g
Carboidratos	13,4 g
Fibras	6,5 g
Vitamina C	12 mg
Folato	65 mcg
Potássio	425 mg
Magnésio	72 mg
Cálcio	54 mg
Ferro	1,5 mg
Luteína/zeaxantina	557 mcg

Corações de alcachofra e aspargos

SERVE 4–6 (V) (D) (G) (C) (R)

450 g de aspargos
400 g de coração de alcachofra em lata, escorrido
Salada verde de folhas, para acompanhar

Molho

2 colheres de sopa de suco de laranja natural
½ colher de chá de raspas de laranja
2 colheres de sopa de óleo de nozes
1 colher de chá de mostarda Dijon
Sal e pimenta

Preparo

1 Corte a ponta dura dos aspargos, deixando todos do mesmo tamanho e amarre-os, formando um feixe. Se usar uma panela própria para cozimento no vapor, não precisa amarrar os aspargos; simplesmente disponha-os no cesto.

2 Cozinhe os aspargos em água com sal, em fogo médio, por 5 minutos ou até ficarem macios. As pontas devem ficar acima da água. Escorra, deixe de molho em água fria corrente até esfriar e escorra novamente.

3 Corte os aspargos em pedaços de 2,5 cm, preservando as pontas. Corte os fundos de alcachofra em pedaços irregulares, coloque em uma tigela e misture com os aspargos.

4 Com um batedor manual, misture o suco e as raspas de laranja, o óleo de nozes e a mostarda e tempere com sal e pimenta a gosto. Antes de servir, regue as alcachofras e os aspargos com esse molho e misture bem.

5 Arrume a salada de folhas em pratos individuais e coloque as alcachofras e os aspargos em cima.

30 ERVA-DOCE

Os bulbos da erva-doce são ricos em antioxidantes, que podem reduzir inflamações e ajudar a prevenir o câncer.

A erva-doce é uma planta de bulbo grosso e carnudo. É refrescante, levemente adocicada com um sabor acentuado de anis. Contém uma forte combinação de substâncias químicas que garantem grande ação antioxidante – um dos mais interessantes é o anetol. Pesquisas feitas com animais mostraram que o anetol encontrado na erva-doce pode ajudar a reduzir inflamações e a prevenir a ocorrência de câncer. Além disso, é uma fonte muito boa de fibras, folato e potássio e contém ampla variedade de outros nutrientes, incluindo vitamina C, selênio, niacina (vitamina B3) e ferro. O alto teor de potássio indica que a erva-doce é um diurético, que ajuda a eliminar o excesso de líquido do organismo.

- Diurética, auxilia na digestão e combate a flatulência.
- Ótima opção para regimes e dietas, pois tem poucas calorias
- Anti-inflamatória.
- Rica em compostos antioxidantes, que auxiliam na prevenção de doenças.

Dicas práticas:
Escolha as de bulbos firmes e carnudos, levemente brilhantes e folhas viçosas. Guarde na geladeira – perdem o sabor depois de alguns dias. Fica deliciosa em saladas, cortada em fatias bem finas ou, ainda, cortada em quartos, douradas no óleo de sua preferência e refogadas com um pouco de caldo de legumes.

VOCÊ SABIA QUE...

A erva-doce se parece com o endro (ou *dill*) e as folhas do bulbo podem ser usadas da mesma maneira que o endro fresco, em algumas receitas.

PRINCIPAIS NUTRIENTES ENCONTRADOS EM METADE DE UM BULBO DE ERVA-DOCE

Kcalorias	12
Gordura total	Traços
Proteínas	0,9 g
Carboidratos	1,8 g
Fibras	2,4 g
Vitamina C	5 mg
Folato	42 mcg
Betacaroteno	140 mg
Cálcio	24 mg
Potássio	440 mg
Selênio	0,7 mcg

Salada de erva-doce e laranja

SERVE 4 (V) (D) (G) (C) (R)

2 laranjas descascadas e fatiadas

1 bulbo de erva-doce, em fatias bem finas, mais as folhas para decorar

1 cebola roxa, cortada em fatias finas

Pimenta

Molho

Suco de uma laranja

2 colheres de sopa de vinagre balsâmico

Preparo

1 Arrume as fatias de laranja no fundo de uma travessa rasa. Cubra com uma camada de erva-doce e outra de cebolas.

2 Misture o suco de laranja e o vinagre e regue a salada. Tempere com pimenta, decore com as folhas de erva-doce e sirva.

31 COUVE

Além de ser ótima fonte de vitamina C, é a verdura que apresenta o mais alto teor de antioxidantes.

A couve é uma das brassicáceas mais nutritivas. Apresenta um dos mais altos índices de capacidade antioxidante medido pela escala ORAC e contém mais cálcio e ferro que qualquer outra verdura. Uma única porção concentra o dobro da quantidade diária de vitamina C recomendada, o que facilita a absorção de ferro pelo organismo, além de um quinto das necessidades diárias de cálcio recomendadas para um adulto. A couve é rica em selênio, que ajuda no combate ao câncer, e contém magnésio e vitamina E, benéficos para o coração.

- Rica em flavonoides e antioxidantes que combatem o câncer.
- Contém indol, que ajuda a baixar o colesterol ruim e a prevenir o câncer.
- Rica em cálcio, benéfico para os ossos.
- Extremamente rica em caroteno, benéfico para os olhos.

Dicas práticas:
Lave a couve antes de usar, pois as folhas podem conter areia ou terra. Use todas as folhas, até as mais escuras – estas são ricas em caroteno e indol. Fica deliciosa refogada ou cozida no vapor e combina bem com bacon, ovos e queijo. Lembre-se de calcular a quantidade de couve com folga, pois encolhe bastante durante o cozimento.

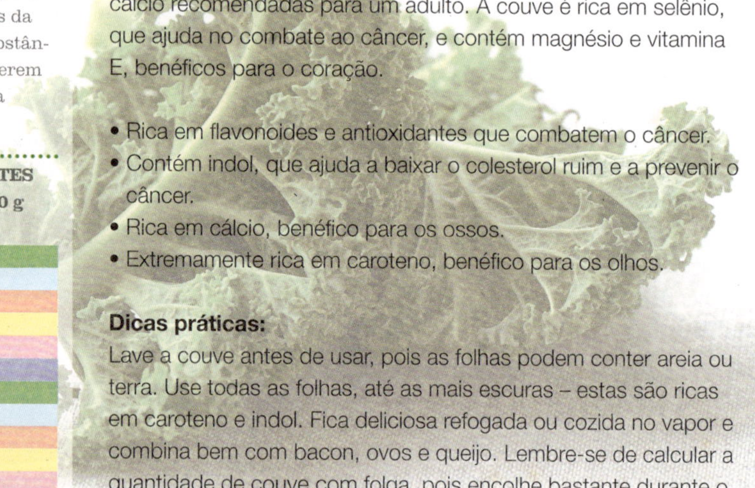

VOCÊ SABIA QUE...

A couve não é indicada para portadores de distúrbios da tireoide pois contém substâncias naturais que interferem no funcionamento dessa glândula.

PRINCIPAIS NUTRIENTES ENCONTRADOS EM 100 g DE COUVE

Kcalorias	50
Gordura total	0,7 g
Proteínas	3,3 g
Carboidratos	10 g
Fibras	2 g
Vitamina C	120 mg
Folato	29 mcg
Vitamina E	1,7 mg
Potássio	447 mg
Magnésio	34 mg
Cálcio	135 mg
Ferro	1,7 mg
Selênio	0,9 mcg
Betacaroteno	9226 mcg
Luteína/zeaxantina	39550 mcg

Couve refogada

SERVE 4 (V) (D) (G) (C) (R)

750 g de couve fresca
2 colheres de sopa de óleo de canola
1 cebola picada
4 dentes de alho grandes, bem picados
2 pimentões vermelhos em fatias finas
1 cenoura descascada e ralada
100 g de floretes de brócolis
1 pitada de pimenta calabresa seca, em flocos (opcional)
½ xícara de caldo de legumes
115 g de broto de feijão fresco
Sal e pimenta
Um punhado de castanha-de-caju torrada, para enfeitar
Arroz cozido e limão cortado em gomos para acompanhar.

Preparo

1 Com uma faca afiada, remova o caule central das folhas de couve. Faça uma pilha de folhas, enrole-as bem firme e corte em tiras bem finas. Reserve.

2 Aqueça uma frigideira wok ou uma panela larga com tampa por 30 segundos. Coloque o óleo e mexa a panela para espalhar bem. Aqueça por mais 30 segundos. Coloque a cebola, refogue por 3 minutos e junte o alho, os pimentões e a cenoura. Refogue, sempre mexendo, até a cebola ficar transparente e os pimentões, macios. Acrescente o brócolis e a pimenta calabresa, se estiver usando, e misture.

3 Junte a couve e mexa. Tempere com sal e pimenta e acrescente o caldo de legumes. Abaixe o fogo, tampe e cozinhe por cerca de 5 minutos, até amolecer a couve.

4 Retire a tampa e deixe o excesso de líquido evaporar. Com a ajuda de dois garfos, misture o broto de feijão e acerte o tempero, se necessário. Coloque o arroz no fundo de uma travessa e cubra com o refogado. Enfeite com as castanhas-de-caju e deixe os gomos de limão na borda da travessa, para espremer o suco quando servir.

32 SALSÃO

Rico em potássio e cálcio, o salsão (ou aipo) ajuda a reduzir a retenção de líquidos e a prevenir a pressão alta.

VOCÊ SABIA QUE...

O salsão pode apresentar alto teor de nitratos, que foram relacionados ao aumento do risco de câncer. No entanto, existem pesquisas indicando que legumes e verduras com alto teor de nitratos também possuem alto teor de substâncias químicas que neutralizam esses mesmos nitratos.

PRINCIPAIS NUTRIENTES ENCONTRADOS EM 100 g DE TALOS DE SALSÃO

Kcalorias	14
Gordura total	Traços
Proteínas	0,7 g
Carboidratos	3 g
Fibras	1,6 g
Vitamina C	3 mg
Folaro	36 mcg
Vitamina k	35 mcg
Potássio	260 mg
Cálcio	40 mg
Magnésio	11 mg

Por conter grande quantidade de água e poucas calorias, o salsão é considerado alimento ideal para regimes e dietas. Na verdade, esse vegetal é considerado saudável por esse e por muitos outros motivos. É boa fonte de potássio e tem um teor surpreendentemente alto de cálcio, importante para a saúde dos ossos, para equilibrar a pressão arterial e para o bom funcionamento da função neurológica. As folhas e os talos mais verdes, geralmente não aproveitados, não devem ser descartados, pois contêm carotenos, mais minerais e vitamina C do que os talos mais claros. Além disso, contém os compostos poliacetilenos e fitalidas, que podem proteger contra inflamações e pressão arterial alta.

- Baixo teor de gordura, poucas calorias e rico em fibras.
- Boa fonte de potássio.
- Contém cálcio, benéfico para os ossos e que pode ajudar a regular a pressão arterial.
- Pode possibilitar proteção contra inflamações.

Dicas práticas:
Escolha o salsão com folhas verdes viçosas e frescas. Armazene em um saco plástico ou envolto em filme plástico para evitar que os talos amoleçam. É muito bom para encorpar ou acentuar o sabor de sopas e ensopados. Cortado em quartos, pode ser levemente refogado com um pouco de caldo de legumes e servido como acompanhamento de peixes, aves ou carnes de caça. As folhas podem ser usadas em saladas e refogados ou para decorar pratos.

Suco revigorante de salsão e maçã

SERVE 2 (V) (D) (G) (C) (R)

115 g de salsão picado
1 maçã, descascada, sem semente e picada em cubos
2 ½ xícaras de leite
1 pitada de açúcar (opcional)
Sal (opcional)
Tirinhas de salsão para decorar

Preparo

1 Bata a maçã, o salsão e o leite em um liquidificador ou processador até ficar homogêneo.

2 Misture o açúcar e um pouco de sal, se estiver usando. Coloque em copos gelados, decore com as tirinhas de salsão e sirva.

33 ASPARGO

O incomparável aspargo é anti-inflamatório e contém um tipo de fibra que mantém o bom funcionamento do sistema digestivo.

A glutationa, substância encontrada no aspargo, é anti-inflamatória e pode ajudar nos sintomas da artrite reumatoide. Além disso, o aspargo é rico em oligossacarídeos, fibras que agem no intestino como um prebiótico estimulador do crescimento de bactérias amigáveis. É uma fonte valiosa de vitamina C, folato, magnésio, potássio e ferro. É boa fonte de vitamina E, um antioxidante não muito comum em vegetais, benéfico para o coração e para o sistema imunológico.

- Presença do anti-inflamatório glutationa.
- Contém fibras que agem como um prebiótico para o intestino.
- Boa fonte de uma grande variedade de vitaminas importantes, inclusive a vitamina E.
- Rico em ferro, que melhora a energia e a cicatrização e ajuda a combater infecções.

Dicas práticas:
Aspargos são bastante perecíveis e, depois de colhidos, devem ser consumidos o quanto antes. Se necessário, guarde na geladeira, em um saco plástico, por 1 a 2 dias. Se possível, cozinhe-os em pé, com as pontas fora da água. Assim, as pontas não vão cozinhar demais, antes que os talos fiquem macios. Os aspargos maiores podem ser pincelados com óleo de sua preferência e grelhados por 2-3 minutos de cada lado, até ficarem macios; os menores e mais finos podem ser usados em quiches, sopas e risotos.

VOCÊ SABIA QUE...

Pacientes com gota devem evitas aspargos ou consumi-los com moderação, pois contêm purinas, compostos que contribuem para a produção de ácido úrico no organismo, que podem precipitar uma crise de gota.

PRINCIPAIS NUTRIENTES ENCONTRADOS EM 10 ASPARGOS

Kcalorias	24
Gordura total	Traços
Proteínas	2,6 g
Carboidratos	4,7 g
Fibras	2,5 g
Vitamina C	6,7 mg
Vitamina E	1,36 mg
Folato	62 mcg
Potássio	242 mg
Cálcio	29 mg
Magnésio	17 mg
Ferro	2,6 mg

Aspargos com molho de tomate adocicado

SERVE (V) (D) (G) (C) (R)

5 colheres de sopa de azeite de oliva extravirgem, mais a quantidade para pincelar
½ xícara de pinolis
500 g de aspargos tenros
25 g de queijo parmesão em lascas finas

Molho

350 g de tomates, sem pele, sem sementes e picado
2 colheres de sopa de vinagre balsâmico
Sal e pimenta

Preparo

1 Pincele a grelha com o azeite e aqueça na temperatura alta. Doure os pinolis em uma frigideira, em fogo médio. Vire em uma tigela e reserve.

2 A seguir, prepare o molho: misture os tomates, o vinagre e o azeite em uma tigela, tempere com sal e pimenta a gosto. Reserve.

3 Coloque os aspargos na grelha e cozinhe por 3-4 minutos até ficarem macios. Transfira para uma travessa. Espalhe o molho por cima, salpique os pinolis e as lascas de parmesão e sirva imediatamente.

34 ERVILHA

Não importa se são frescas ou congeladas, as ervilhas são ricas em vitamina C, fibras, proteína e luteína, benéfica para os olhos.

As ervilhas são fonte de uma grande variedade de vitaminas e minerais úteis para a saúde. Têm teor especialmente alto de vitamina C, folato e vitamina B3. Ajudam a proteger os olhos da degeneração macular graças ao alto teor de luteína e zeaxantina. As vitaminas do complexo B ajudam a proteger os ossos contra a osteoporose e a diminuir o risco de derrames, pois ajudam a baixar os níveis de homocisteína no sangue. Ricas em proteína, são muito úteis no cardápio de vegetarianos. Além disso, o alto teor de fibras – composto em parte por pectina, substância gelatinosa que ajuda a baixar o colesterol "ruim" – pode também ajudar a prevenir doenças cardíacas e arteriais.

- Contém vários nutrientes e substâncias químicas benéficas ao coração.
- Rica em carotenos que protegem os olhos e reduzem o risco de câncer.
- Teor muito alto de fibras totais e solúveis, para baixar colesterol.
- Muito rica em vitamina C.

Dicas práticas:
Ao comprar a vagem da ervilha fresca, escolha as que não estão muito apertadas na embalagem. Quando começam a ficar passadas, perdem a forma arredondada e o sabor e ficam farinhentas, pois o açúcar se converte em amido. Da ervilha-torta, quando tenra, podemos comer o grão e a vagem; o grão, quando muito tenro, pode ser consumido cru. Ao cozinhar, faça-o no vapor ou ferva em pouquíssima água, para não perder a vitamina C.

VOCÊ SABIA QUE...

Ervilhas congeladas (em geral as congeladas poucas horas depois de colhidas) podem conter mais vitamina C e outros nutrientes do que as ervilhas em temperatura ambiente, mesmo que ainda estejam na vagem, porém colhidas dias antes.

PRINCIPAIS NUTRIENTES ENCONTRADOS EM 100 g DE ERVILHAS

Kcalorias	81
Gordura total	0,4 g
Proteínas	5,4 g
Carboidratos	14,5 g
Fibras	5,1 g
Vitamina C	40 mg
Folato	65 mcg
Niacina	2,1 mg
Magnésio	33 mg
Potássio	244 mg
Ferro	1,5 mg
Cálcio	56 mg
Zinco	1,2 mg
Luteína/Zeaxantina	2477 mcg

Sopa gelada de ervilha

SERVE 3–4 (V) (D) (G) (C) (R)

1 ¾ xícaras de caldo de legumes ou água
4 ½ xícaras de ervilhas congeladas
55 g de minicebolas (cebolas para conserva), picadas
1 ¼ xícaras de iogurte natural
Sal e pimenta

Para enfeitar

2 colheres de sopa de hortelã fresca picada
2 colheres de sopa de cebolinha verde picada (só as folhas verdes)
Raspas de limão
Azeite de oliva

Preparo

1 Aqueça o caldo até ferver. Abaixe o fogo, junte as ervilhas e as minicebolas e cozinhe por 5 minutos.

2 Deixe esfriar um pouco e passe 2 vezes na peneira, para garantir que todos os pedacinhos de casca das ervilhas sejam descartados. Coloque em uma tigela grande, tempere com sal e pimenta a gosto e misture o iogurte. Cubra com filme plástico e leve à geladeira por algumas horas ou até ficar bem gelado.

3 Antes de servir, retire da geladeira, mexa bem e divida em tigelinhas menores ou pratos fundos. Salpique a hortelã, a cebolinha e raspas de limão. Regue com o azeite e sirva.

35 BETERRABA

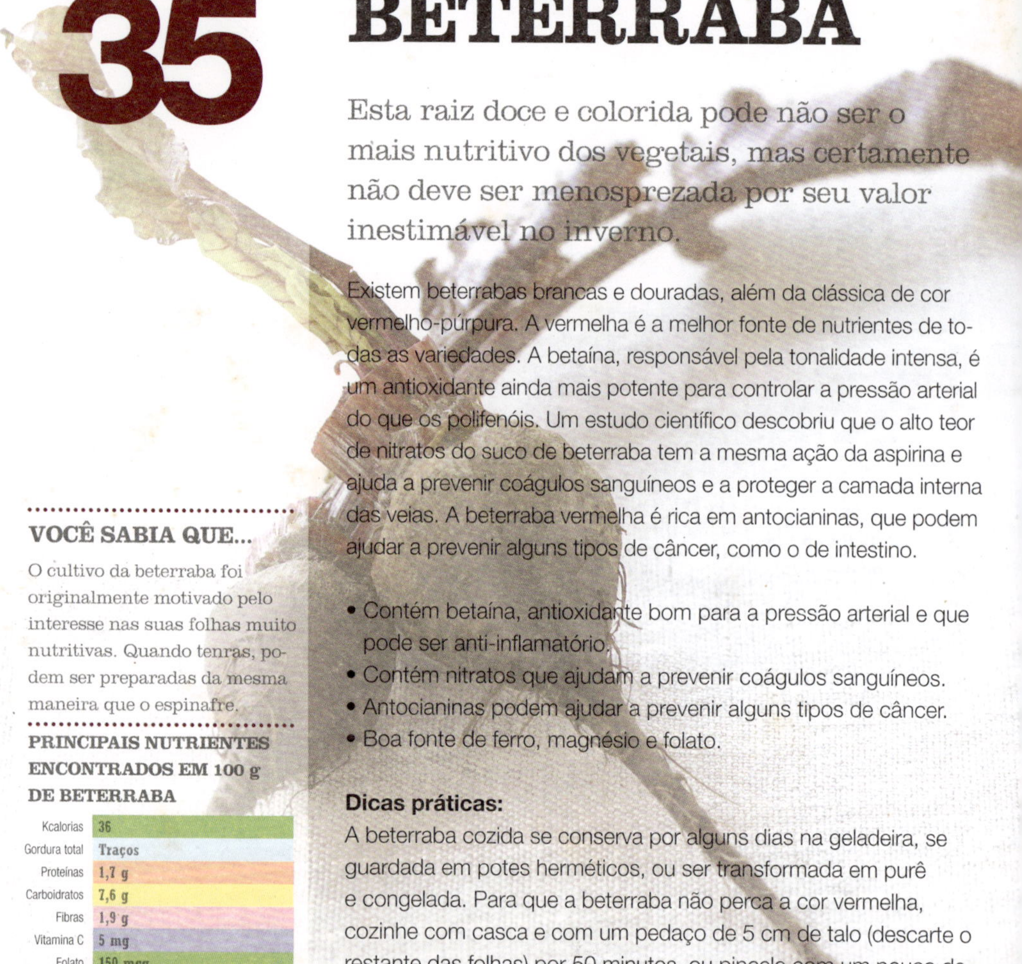

Esta raiz doce e colorida pode não ser o mais nutritivo dos vegetais, mas certamente não deve ser menosprezada por seu valor inestimável no inverno.

Existem beterrabas brancas e douradas, além da clássica de cor vermelho-púrpura. A vermelha é a melhor fonte de nutrientes de todas as variedades. A betaína, responsável pela tonalidade intensa, é um antioxidante ainda mais potente para controlar a pressão arterial do que os polifenóis. Um estudo científico descobriu que o alto teor de nitratos do suco de beterraba tem a mesma ação da aspirina e ajuda a prevenir coágulos sanguíneos e a proteger a camada interna das veias. A beterraba vermelha é rica em antocianinas, que podem ajudar a prevenir alguns tipos de câncer, como o de intestino.

- Contém betaína, antioxidante bom para a pressão arterial e que pode ser anti-inflamatório.
- Contém nitratos que ajudam a prevenir coágulos sanguíneos.
- Antocianinas podem ajudar a prevenir alguns tipos de câncer.
- Boa fonte de ferro, magnésio e folato.

Dicas práticas:
A beterraba cozida se conserva por alguns dias na geladeira, se guardada em potes herméticos, ou ser transformada em purê e congelada. Para que a beterraba não perca a cor vermelha, cozinhe com casca e com um pedaço de 5 cm de talo (descarte o restante das folhas) por 50 minutos, ou pincele com um pouco de óleo, embrulhe com papel-alumínio e asse a 200 °C por uma hora. Depois de pronta, puxe ou raspe a casca com uma faca. Pode também ser consumida crua, descascada e ralada, em saladas, como suco ou ainda em molhos.

VOCÊ SABIA QUE...

O cultivo da beterraba foi originalmente motivado pelo interesse nas suas folhas muito nutritivas. Quando tenras, podem ser preparadas da mesma maneira que o espinafre.

PRINCIPAIS NUTRIENTES ENCONTRADOS EM 100 g DE BETERRABA

Kcalorias	36
Gordura total	Traços
Proteínas	1,7 g
Carboidratos	7,6 g
Fibras	1,9 g
Vitamina C	5 mg
Folato	150 mcg
Potássio	380 mg
Cálcio	20 mg
Ferro	1,0 mg
Magnésio	23 mg

Salada de beterraba e espinafre

SERVE 4 (V) (D) (G) (C) (R)

650 g de beterrabas cozidas

3 colheres de sopa de azeite de oliva extravirgem

Suco de uma laranja

1 colher de chá de açúcar refinado

1 colher de chá de sementes de erva-doce

115 g de folhas bem tenras de espinafre

Sal e pimenta

Preparo

1 Com uma faca afiada, pique as beterrabas em cubos e reserve. Aqueça o azeite de oliva em uma panela de fundo grosso. Adicione o suco de laranja, o açúcar e as sementes de erva-doce. Tempere com sal e pimenta a gosto. Mantenha no fogo até o açúcar dissolver, sem parar de mexer.

2 Acrescente as beterrabas e misture bem. Retire do fogo.

3 Arrume as folhas de espinafre no fundo de uma travessa para saladas. Cubra com as beterrabas e sirva imediatamente.

36 REPOLHO ROXO

Essa hortaliça é rica em compostos que protegem contra câncer e contra os sinais de envelhecimento.

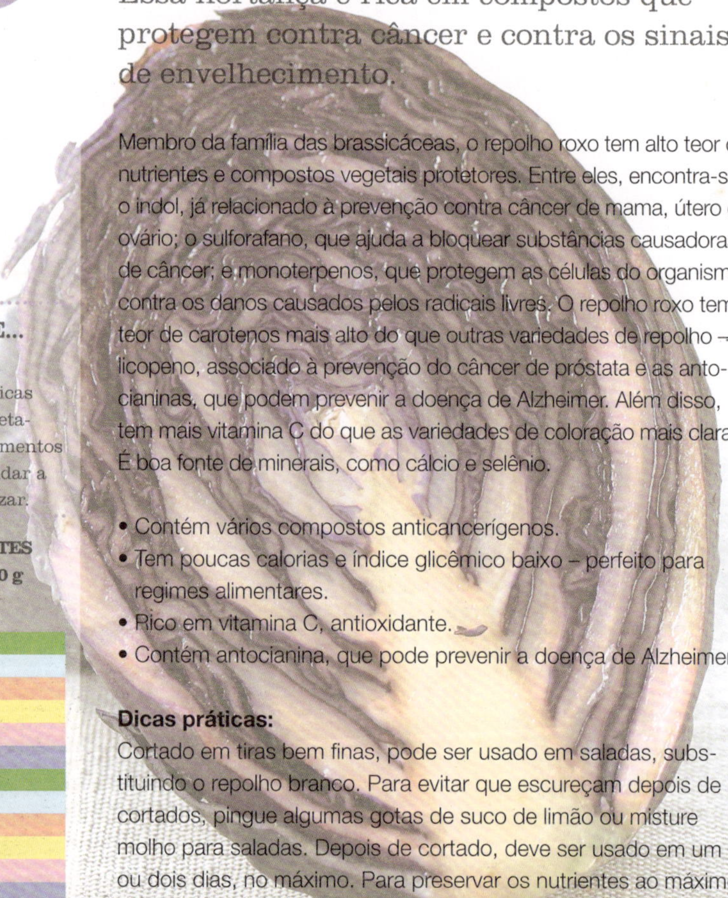

Membro da família das brassicáceas, o repolho roxo tem alto teor de nutrientes e compostos vegetais protetores. Entre eles, encontra-se o indol, já relacionado à prevenção contra câncer de mama, útero e ovário; o sulforafano, que ajuda a bloquear substâncias causadoras de câncer; e monoterpenos, que protegem as células do organismo contra os danos causados pelos radicais livres. O repolho roxo tem teor de carotenos mais alto do que outras variedades de repolho – o licopeno, associado à prevenção do câncer de próstata e as antocianinas, que podem prevenir a doença de Alzheimer. Além disso, tem mais vitamina C do que as variedades de coloração mais clara. É boa fonte de minerais, como cálcio e selênio.

- Contém vários compostos anticancerígenos.
- Tem poucas calorias e índice glicêmico baixo – perfeito para regimes alimentares.
- Rico em vitamina C, antioxidante.
- Contém antocianina, que pode prevenir a doença de Alzheimer.

Dicas práticas:
Cortado em tiras bem finas, pode ser usado em saladas, substituindo o repolho branco. Para evitar que escureçam depois de cortados, pingue algumas gotas de suco de limão ou misture molho para saladas. Depois de cortado, deve ser usado em um ou dois dias, no máximo. Para preservar os nutrientes ao máximo, cozinhe no vapor, tomando cuidado para não cozinhar demais.

VOCÊ SABIA QUE...

A folha do repolho tem propriedades antissépticas naturais e pode ser diretamente aplicada em ferimentos e machucados para ajudar a aliviar a dor e a cicatrizar.

PRINCIPAIS NUTRIENTES ENCONTRADOS EM 100 g DE REPOLHO ROXO

Kcalorias	31
Gordura total	Traços
Proteínas	1,4 g
Carboidratos	7,4 g
Fibras	2,1 g
Vitamina C	57 mg
Folato	18 mcg
Niacina	0,4 mg
Potássio	243 mg
Ferro	0,8 mg
Cálcio	45 mg
Selênio	0,6 mcg
Betacaroteno	670 mg
Luteína/Zeaxantina	329 mcg

Refogado de repolho e nozes

SERVE 4 (V) (D) (C) (R)

350 g de repolho branco
350 g de repolho roxo
4 colheres de sopa de óleo vegetal
1 colher de sopa de óleo de nozes
2 dentes de alho, espremidos
8 cebolinhas verdes, picadas em pedaços grandes
225 g de tofu (firme), em cubos
2 colheres de sopa de suco de limão
1 xícara de nozes, em metades
2 colheres de chá de mostarda Dijon
Sal e pimenta
2 colheres de chá de sementes de papoula, para enfeitar

Preparo

1. Com uma faca afiada, corte tiras bem finas dos dois repolhos e reserve.
2. Aqueça uma frigideira wok por 30 segundos. Coloque os óleos e mexa a panela para espalhar bem. Aqueça por mais 30 segundos. Junte o alho, os repolhos, a cebolinha e o tofu. Refogue tudo por 5 minutos.
3. Acrescente o suco de limão, as nozes e a mostarda. Misture bem. Tempere com sal e pimenta a gosto e cozinhe por mais 5 minutos ou até o repolho ficar macio.
4. Transfira o refogado para uma travessa aquecida, salpique as sementes de papoula e sirva imediatamente.

37 ALGA

Bastante nutritiva, é rica em iodo, que mantém o bom funcionamento da tireoide, em zinco, que contribui para o aumento da fertilidade, e em cálcio, bom para os ossos.

Existem milhares de variedades de algas marinhas, mas poucas estão disponíveis no mercado e são usadas como alimento. São comercializadas secas, e as mais conhecidas são: kelp ou kombu, achatada e verde-escura; dulse, vermelho escura; nori, verde ou roxa; e wakane, verde-escura ou marrom. O valor nutricional muda de acordo com a variedade, mas todas são ricas em ferro, cálcio, zinco, magnésio e iodo, um mineral que pode ajudar a melhorar o funcionamento da glândula tireoide, a regular o metabolismo e é benéfico para a audição. Além disso, as algas são ricas em folato e têm poucas calorias.

- Rica em minerais de absorção fácil, ideal para vegetarianos.
- Boa opção para quem segue regime alimentar, pois tem poucas calorias e contém Agar, uma substância gelatinosa que sacia o apetite.
- Pode ser anticancerígena e antivirótica.
- Excelente fonte de iodo, benéfico para o metabolismo.

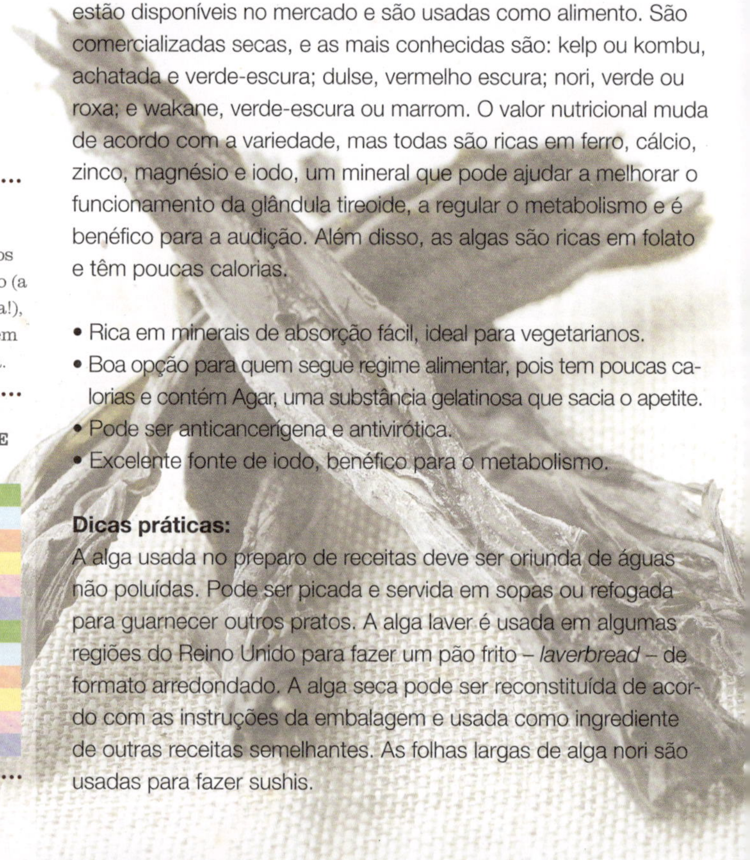

Dicas práticas:
A alga usada no preparo de receitas deve ser oriunda de águas não poluídas. Pode ser picada e servida em sopas ou refogada para guarnecer outros pratos. A alga laver é usada em algumas regiões do Reino Unido para fazer um pão frito – *laverbread* – de formato arredondado. A alga seca pode ser reconstituída de acordo com as instruções da embalagem e usada como ingrediente de outras receitas semelhantes. As folhas largas de alga nori são usadas para fazer sushis.

VOCÊ SABIA QUE...

A maioria dos diferentes tipos de alga tem alto teor de sódio (a água do mar é muito salgada!), não sendo indicada para quem segue uma dieta hipossódica.

PRINCIPAIS NUTRIENTES ENCONTRADOS EM 50 g DE ALGA KELP OU KOMBU

Kcalorias	22
Gordura total	0,3 g
Proteína	0,8 g
Carboidrato	4,8 g
Fibras	0,7 g
Cálcio	84 mg
Ferro	1,4 mg
Magnésio	61 mg
Potássio	45 mg
Zinco	0,06 mg
Iodo	1037 mcg
Folato	90 mcg

Mix de sushi

SERVE 4 (D) (C)

1 ¼ xícaras de arroz para sushi
2 colheres de sopa de vinagre de arroz
1 colher de chá de açúcar refinado
½ colher de chá de sal
4 folhas de alga nori, para enrolar
50 g de salmão defumado
1 pedaço de pepino de 4 cm, sem casca e sem sementes, cortado em palitos
40 g de camarão sem casca cozido
1 abacate pequeno, sem casca e sem caroço, cortado em fatias finas, misturado com suco de limão

Para acompanhar

Wasabi (pasta de raiz forte)
Tamati (molho de soja)
Picles de gengibre rosa

Preparo

1 Coloque o arroz em uma panela e cubra com água. Deixe ferver, abaixe o fogo e cozinhe por 15-20 minutos, ou até que o arroz fique macio e absorva toda a água. Transfira para uma tigela. Em uma tigela à parte, misture o vinagre, o açúcar e o sal. Com a ajuda de uma espátula, junte ao arroz e misture bem. Cubra com um pano úmido e deixe esfriar.

2 Para fazer os rolinhos, estenda uma esteira de bambu sobre uma tábua. Coloque uma folha de nori, com o lado brilhante para baixo, sobre a esteira. Com os dedos umedecidos, espalhe ¼ do arroz na folha de nori, alisando bem. Deixe 1 cm de margem nos quatro lados.

3 Para o sushi de salmão e pepino, disponha o salmão sobre o arroz e coloque os pepinos no centro, formando uma linha. Para o sushi de camarão, disponha os camarões e o abacate no centro do arroz, formando uma linha.

4 Começando pelo lado mais próximo, enrole como um rocambole, usando a esteira de bambu como guia. Enrole devagar e faça pressão a cada movimento, para garantir um rolinho de arroz bem firme. Sele a borda final com um pouco de água e tire o sushi da esteira. Faça os outros três rolinhos – dois de salmão com pepino e dois de camarão com abacate.

5 Com uma faca umedecida, corte cada rolinho em 8 pedaços e arrume numa bandeja. Limpe e umedeça a faca novamente a cada corte, para que o arroz não grude na lâmina. Sirva acompanhado com wasabi, tamari e picles de gengibre.

38 COGUMELO

Os compostos encontrados no cogumelo melhoram o sistema imunológico e ajudam na prevenção de câncer, infecções e doenças autoimunes, como artrite e lúpus.

Os cogumelos mais comumente comprados são os tenros, de copa branca, ou os escuros, menos tenros, de copa mais achatada. Existem, porém, muitos outros tipos, como o shitake chinês, o porcini italiano e os cogumelos selvagens. A quantidade de compostos químicos muda de acordo com a variedade e com a idade do cogumelo (os mais velhos e mais escuros têm mais benefícios). Contudo, a maioria é rica em substâncias químicas vegetais que ajudam a melhorar o sistema imunológico. O ácido glutâmico – formação natural de glutamato monossódico – é um desses elementos ativos que podem ser benéficos. Os cogumelos são também uma fonte de proteína muito útil.

- Contém compostos que podem ajudar a prevenir o câncer e doenças autoimunes.
- Ótima opção como fonte de proteína saudável para vegetarianos e para quem está em regime alimentar.
- Rico em selênio, um mineral antioxidante e anticancerígeno.
- Boa fonte de vitaminas B, incluindo o folato e a niacina, benéficos para o coração.

Dicas práticas:
Coloque os cogumelos em um saco de papel, mais arejado que o de plástico. Não é preciso lavar a maioria dos cogumelos, use papel toalha para limpar a terra ou composto orgânico se necessário. Não descasque ou remova os talos – eles concentram a maior parte dos benefícios.

VOCÊ SABIA QUE...

Antes de colher qualquer cogumelo não cultivado, peça para um especialista checar se é seguro comê-lo. Não são poucas as variedades que embora pareçam inofensivas são, na verdade, venenosas.

PRINCIPAIS NUTRIENTES ENCONTRADOS EM 85 g DE COGUMELOS

Kcalorias	22
Gordura total	Traços
Proteínas	2,1 g
Carboidratos	4,2 g
Fibras	1,3 g
Niacina (Vitamina B3)	3,8 mg
Folato	18 mcg
Cálcio	7 mg
Ferro	0,5 mg
Potássio	407 mg
Selênio	9,2 mcg
Zinco	0,5 mg

Salada de cogumelos

SERVE 4 (V) (D) (C)

3 colheres de sopa de pinolis
2 cebolas roxas, picadas
4 colheres de sopa de azeite de oliva
2 dentes de alho, espremidos
3 fatias de pão integral, cortadas em cubos
200 g de folhas verdes variadas
250 g de cogumelos cremini ou portobelo
150 g de cogumelos shitake
150 g de cogumelos enoki

Molho

1 dente de alho, espremido
2 colheres de sopa de vinagre de vinho tinto
4 colheres de sopa de óleo de nozes
1 colher de sopa de salsinha fresca bem picada
Pimenta

Preparo

1 Preaqueça o forno a 180 °C. Aqueça uma frigideira sem cabo em fogo médio. Coloque os pinolis e toste até dourar. Transfira para uma tigela e reserve.

2 Coloque as cebolas e 1 colher de sopa do óleo em uma assadeira, misture bem e asse no forno preaquecido por 30 minutos.

3 Enquanto isso, faça os *croutons*: frite o alho em 1 colher de sopa do óleo. Junte o pão e cozinhe por 5 minutos ou até dourar e torrar. Retire da frigideira e reserve.

4 Divida as folhas para a salada em quatro pratos e junte as cebolas assadas.

5 Para o molho, use um batedor manual e misture o alho, o vinagre e o óleo. Junte a salsinha e tempere com pimenta a gosto. Regue a salada com esse molho.

6 Aqueça o restante do óleo em uma frigideira. Junte os cogumelos shitake e portobelo e refogue por 2-3 minutos. Junte os cogumelos enoki e refogue por mais 2-3 minutos. Divida os cogumelos entre os quatro pratos. Salpique com os pinolis e os *croutons*. Sirva.

39 BATATA-DOCE

A batata-doce de polpa alaranjada tem alto teor de carotenos e compostos redutores de colesterol, além de ser ideal para dietas e regimes alimentares para saciar a fome.

Cremosa, doce e com sabor levemente picante, existe em duas variedades: a de polpa branca e cremosa e a de polpa alaranjada* – esta, usada como referencial, tem maior teor de nutrientes. Possui mais nutrientes e índice glicêmico mais baixo do que a batata, portanto, é benéfica para diabéticos, pois ajuda a regular os níveis de açúcar no sangue. É extremamente rica em betacaroteno e excelente fonte de vitamina E, magnésio e selênio.

- Contém carotenos, que ajudam a combater o câncer.
- Contém esteroides e pectina, que ajudam a reduzir o colesterol ruim.
- Índice glicêmico baixo, bom para dietas e regimes alimentares.
- Antioxidantes e vitamina E que ajudam a manter a pele saudável.
- Alto teor de potássio, que ajuda a regular a quantidade de líquido no organismo e prevenir a retenção.

Dicas práticas:

Substitui a batata comum em muitas receitas, no entanto, sua casca não deve ser aproveitada, pois, em geral, é lavada e tratada com substâncias químicas prejudiciais à saúde. Pode ser utilizada em conservas, patês, cozidos e sopas, e ainda ser assada ou cozida, transformada em purê ou cortada ao meio e regada com óleo ou azeite. Nesse caso, o óleo ajuda na absorção de caroteno**.

VOCÊ SABIA QUE...

Segundo pesquisas, a batata-doce é um dos alimentos mais antigos do mundo, presente desde tempos pré-históricos. É contraindicada para quem tem problemas de rim ou vesícula, pois algumas substâncias naturais contidas na batata podem cristalizar.

PRINCIPAIS NUTRIENTES ENCONTRADOS EM 150 g DE BATATA-DOCE

Kcalorias	129
Gordura total	Traços
Proteínas	2,4 g
Carboidratos	30,2 g
Fibras	4,5 g
Vitamina C	3,6 mg
Vitamina E	0,4 mg
Potássio	506 mg
Cálcio	45 mg
Ferro	0,9 mg
Magnésio	38 mg
Zinco	0,5 mg
Selênio	0,9 mcg
Betacaroteno	12760 mcg

*No Brasil, existem quatro variedades: a batata-branca, a batata-amarela, a batata-roxa e a batata-doce-avermelhada.
** No Brasil, também é utilizada em doces.

Curry de batata-doce com lentilhas

SERVE 2 (V) (D) (G) (C)

1 colher de chá de óleo de canola
100 g de batata-doce pesada sem a casca, cortada em cubos pequenos
75 g de batata comum, pesada sem a casca, cortada em cubos pequenos
1 cebola pequena, bem picada
1 dente de alho pequeno, bem picado
1 pimenta chili verde, sem sementes, picada
½ colher de chá de gengibre em pó
¼ de xícara de lentilhas verdes (a cor da lentilha é opcional)
¼ a ⅓ de xícara de caldo de legumes
*½ colher de chá de garam masala**
1 colher de sopa de iogurte natural desnatado
Pimenta

Preparo

1 Aqueça o óleo em uma panela antiaderente com tampa. Refogue a batata-doce por 5 minutos, em fogo médio, mexendo de vez em quando.

2 Coloque a batata em outra panela, cubra com água e deixe levantar fervura. Diminua o fogo e cozinhe por 6 minutos. Escorra e reserve.

3 Quando a batata-doce estiver cozida, tire da panela com uma escumadeira e coloque a cebola na mesma panela. Cozinhe por 5 minutos ou até ficar transparente. Junte o alho, a pimenta e o gengibre, mexendo bem por 1 minuto. Devolva a batata-doce à panela com as batatas cozidas, as lentilhas, metade do caldo, a pimenta e o *garam masala*. Misture bem, tampe e cozinhe por 20 minutos. Se ficar muito seco, acrescente o restante do caldo e/ou água. Misture o iogurte e sirva.

**Garam masala*: mistura de especiarias torradas e moídas, muito utilizada na Índia e Ásia.

40 CEBOLA

A cebola, um alimento importante para a saúde, contém compostos sulfúricos, antibióticos naturais que oferecem proteção contra câncer e doenças cardíacas.

A cebola é rica em sulfato dialil, um composto potente, responsável pelo forte odor, mas que bloqueia a ação das partículas causadoras de câncer no organismo, ajudando na sua preservação. Contém inúmeros flavonoides, tais como a quercetina, que previnem coágulos sanguíneos e protegem contra câncer e doenças cardíacas. É anti-inflamatória e antibacteriana; pode ajudar a diminuir a congestão nasal durante um resfriado. Além disso, é muito rica em cromo, um mineral-traço ou oligoelemento que ajuda as células a reagir à insulina. É boa fonte de vitamina C e outros oligoelementos ou minerais-traço.

- Pode auxiliar na prevenção de vários tipos de câncer, entre eles o pulmonar.
- Ajuda a proteger o coração e o sistema circulatório e pode aumentar o colesterol "bom".
- Anti-inflamatório, ajuda a aliviar os sintomas de artrite.
- Antibacteriana, pode ajudar a controlar resfriados.
- Pode ajudar a regular a reação à insulina.

Dicas práticas:
A cebola conserva-se por vários meses, se mantida em local seco, fresco e bem ventilado, sem que umas toquem as outras. O teor de vitamina C, no entanto, diminui com o tempo. Refogue ou frite suavemente em óleo, para não perder os nutrientes. Cebolas de sabor mais suave podem ser cortadas em fatias bem finas e comidas cruas.

VOCÊ SABIA QUE...

Ao cozinhar cebolas rapidamente e em altas temperaturas, você está destruindo uma boa parte dos seus compostos sulfúricos e que contêm propriedades benéficas à saúde.

PRINCIPAIS INGREDIENTES ENCONTRADOS EM 150 g DE CEBOLA

Kcalorias	63
Gordura total	Traços
Proteínas	1,4 g
Carboidratos	15 g
Fibras	2,1 g
Vitamina C	9,6 mg
Folato	29 mcg
Niacina (Vitamina B3)	1,5 mg
Cálcio	33 mg
Potássio	216 mg
Magnésio	28 mg
Selênio	0,8 mcg
Cromo	24 mcg

Sopa de cebola roxa assada com croutons de fubá

SERVE 4 (V) (D)

800 g de cebolas roxas
1 colher de sopa de azeite de oliva
1 colher de sopa de margarina
1 xícara de vinho branco seco
5 xícaras de caldo de legumes
1 raminho de alecrim fresco, mais a quantidade para enfeitar
1 colher de chá de tomilho fresco picado
1 colher de chá de mostarda Dijon
Sal e pimenta

Croutons

1 ¼ xícaras de água
60 g de fubá instantâneo
½ colher de chá de sal
1 colher de sopa de alecrim fresco picado
Azeite de oliva para pincelar

Preparo

1 Preaqueça o forno a 200 °C. Coloque as cebolas, cortadas em quatro partes, e o azeite em uma assadeira e misture bem. Espalhe pedaços da margarina por cima, tempere com sal a gosto e asse por 45 minutos, mexendo de vez em quando, até ficarem macias e douradas nas beiradas. Retire do fogo e deixe esfriar um pouco.

2 Tire a camada externa das cebolas, caso estejam muito torradas. Corte os pedaços de cebola em fatias grossas. Coloque as cebolas em uma panela de fundo grosso, junte o vinho e ferva. Cozinhe até evaporar o álcool e reduzir o vinho.

3 Adicione o caldo e as ervas, mexa e cozinhe em fogo baixo por 30-35 minutos, ou até engrossar. Misture a mostarda e tempere com sal e pimenta a gosto.

4 Para fazer os croutons de fubá, ferva a água em uma panela. Jogue o fubá lentamente, sem parar de mexer com uma colher de pau. Cozinhe por 5 minutos ou até engrossar e começar a desgrudar da panela. Junte o sal e o alecrim e mexa.

5 Forre uma tábua com uma folha de filme plástico. Com uma espátula, espalhe o fubá cozido em uma camada de 1 cm de espessura. Depois de frio e bem firme, corte em cubos pequenos, pincele com azeite e coloque em uma assadeira. Asse em forno preaquecido, virando de vez em quando, por 10-15 minutos ou até dourar e ficar crocante.

6 Retire o alecrim da sopa. Bata a sopa em um liquidificador ou processador até obter uma mistura bem homogênea. Leve ao fogo novamente, mexendo bem. Coloque conchas da sopa em tigelas ou pratos fundos aquecidos, decore com os croutons de fubá e com as raminhos de alecrim e sirva.

41

BROTO DE FEIJÃO

Possui baixas calorias e é fonte de muitos nutrientes, como a vitamina C, proteína, cálcio e folato.

Podem-se usar vários tipos de grãos para produzir o broto, mas a variedade mais comum no mercado é o broto de feijão Mungo ou moyashi. Brotos de alfafa, lentilha, feijão azuki e ervilhas também podem ser encontrados. São uma fonte pouco calórica de nutrientes, ótima opção para quem precisa fazer regime alimentar. Os grãos secos de feijão não contêm vitamina C, mas, depois de germinados em água, apresentam bons níveis dessa vitamina. Os brotos de feijão são também boa fonte de proteína e cálcio e ricos em folato, vitamina importante para o sangue e essencial para o feto em mulheres grávidas.

- Poucas calorias e rico em proteínas pouco gordurosas.
- Boa fonte de vitamina C.
- Fonte muito boa de folato.
- Boa fonte de minerais, como o ferro, magnésio, cálcio e potássio.

Dicas práticas:
Brotos de feijão podem ser facilmente produzidos. Arrume uma camada dos grãos sobre toalhas de papel umedecidas e coloque em local escuro, por vários dias, molhando diariamente. Os brotos de feijão já preparados são facilmente encontrados no mercado. Depois de formados, perdem a vitamina C rapidamente, portanto, devem ser consumidos o mais rápido possível. Podem ser servidos crus em saladas, usados como recheio em rolinhos primavera, refogados ou cozidos no vapor rapidamente ou, ainda, usados para decorar pratos.

VOCÊ SABIA QUE...

Brotos de feijão e alfafa podem ser facilmente contaminados pela bactéria *E.Coli* ou pela bactéria da salmonela, causadoras de intoxicação alimentar. Por isso, lave-os cuidadosamente antes de usar.

PRINCIPAIS NUTRIENTES ENCONTRADOS EM 100 g DE BROTO DE FEIJÃO CRU

Kcalorias	30
Gordura total	Traços
Proteínas	3 g
Carboidratos	6 g
Fibras	1,8 g
Vitamina C	13 mg
Folato	61 mcg
Magnésio	21 mg
Potássio	149 mg
Ferro	0,9 mg
Cálcio	13 mg

Salada de broto de feijão

SERVE 4 (V) (D) (G) (C) (R)

350 g de broto de feijão
1 pepino pequeno
1 pimentão verde, sem sementes e cortado em tiras longas
1 cenoura, sem casca, cortada em palitos
2 tomates picados
1 talo de salsão, cortado em palitos
Cebolinha verde fresca para decorar

Molho

1 dente de alho, espremido
1 pouco de molho de pimenta vermelha
1 colher de sopa de molho de soja light
1 colher de chá de vinagre de vinho
1 colher de sopa de óleo de gergelim

Preparo

1. Banhe os brotos de feijão em água fervente por 1 minuto. Escorra e lave em água corrente fria. Seque bem.
2. Corte o pepino na metade, pelo sentido do comprimento. Retire as sementes com uma colher. Corte em palitos e misture aos brotos de feijão. Junte o pimentão, a cenoura, os tomates e o salsão.
3. Em uma tigela à parte, misture o alho, o molho de pimenta, o molho de soja, o vinagre e o óleo de gergelim. Tempere os legumes com o molho, misturando bem. Divida entre quatro pratos, decore com as cebolinhas e sirva.

42 ALHO-PORÓ

O alho-poró faz parte da família da cebola e tem propriedades semelhantes, incluindo a de ajudar na redução do colesterol ruim e de prevenir doenças cardíacas.

Possui sabor característico, levemente adocicado, parecido com o da cebola, porém um pouco mais suave. Os caules, longos, são brancos na parte de baixo. A parte de cima, de coloração verde-escura, embora comestível, costuma ser descartada por ser mais dura e ter sabor mais forte. Ajuda a reduzir o colesterol "ruim" e a aumentar o colesterol "bom", colaborando com o bom funcionamento do coração e das artérias. O consumo regular pode contribuir para a redução do risco de câncer de próstata, ovário e intestino, benefícios garantidos pelos sulfetos alílicos característicos das plantas dessa família. É rico em vitamina C, fibras, vitamina E, folato e outros minerais importantes.

- Reduz o colesterol "ruim" e aumenta o "bom".
- Anticancerígeno.
- Diurético moderado, ajuda a prevenir a retenção de líquidos.
- Alto teor de carotenos, como luteína e zeaxantina, benéficos para os olhos.

Dicas práticas:
O alho-poró deve ser lavado cuidadosamente, para garantir que não fique terra entre as folhas. Os nutrientes serão mais bem aproveitados quanto maior for o consumo das partes escuras. Para reter suas vitaminas, prefira cozinhar no vapor, refogar ou assar. As folhas verdes da ponta demoram mais para ficar macias e devem ser picadas e colocadas na panela antes do caule branco.

VOCÊ SABIA QUE...

Na Grécia Antiga, o alho-poró era apreciado pelos efeitos benéficos para a garganta, sendo recomendado, por exemplo, para melhorar a voz. É o símbolo nacional do País de Gales, no Reino Unido.

PRINCIPAIS INGREDIENTES ENCONTRADOS EM UM ALHO-PORÓ DE TAMANHO MÉDIO

Kcalorias	61
Gordura total	0,3 g
Proteínas	1,5 g
Carboidratos	14 g
Fibras	1,8 g
Vitamina C	12 mg
Vitamina E	0,9 mg
Folato	64 mcg
Cálcio	59 mg
Ferro	2,1 mg
Potássio	180 mg
Magnésio	28 mg
Betacaroteno	1000 mcg
Luteína/Zeaxantina	1900 mcg

Sopa de galinha e alho-poró

SERVE 6–8 Ⓓ Ⓖ Ⓒ

2 colheres de sopa de azeite de oliva
2 cebolas picadas
2 cenouras, sem casca e picadas
5 alhos-porós, 2 picados e 3 em fatias bem finas
1 frango de 1,3 kg
2 folhas de louro
6 ameixas secas, fatiadas
Sal e pimenta
Salsinha fresca, para guarnecer

Preparo

1 Aqueça o azeite em uma panela grande. Refogue as cebolas, as cenouras e os 2 alhos-porós picados por 3-4 minutos, ou até dourar.

2 Limpe o frango e remova a pele e a gordura (o máximo que conseguir); puxe a pele do peito com as mãos; passe uma faca pequena bem afiada entre a carne e a pele das coxas e remova a pele cuidadosamente. A gordura se concentra dentro da cavidade e na parte de baixo do frango.

3 Coloque o frango na panela com os legumes e junte as folhas de louro. Cubra com água e tempere com sal e pimenta a gosto. Ferva, abaixe o fogo, tampe e cozinhe por 1-1½ horas, retirando a espuma que se forma na superfície com uma escumadeira.

4 Tire o frango da panela, remova pedaços de pele que ainda restaram e desosse. Corte a carne em pedaços uniformes. Coe o caldo, retire o louro e os legumes e coloque de volta na panela. Você deve ter 5-6 xícaras de caldo. Se houver tempo suficiente, deixe esfriar e remova a camada de gordura que se forma na superfície. Caso contrário, tente absorver um pouco da gordura com papel toalha.

5 Aqueça o caldo. Junte o alhos-porós fatiado e as ameixas e cozinhe por 1 minuto.

6 Junte o frango e cozinhe mais um pouco, até aquecer. Com uma concha, encha tigelas ou pratos fundos aquecidos, enfeite com a salsinha e sirva.

43 RADICCHIO

Seus pigmentos vermelhos são responsáveis pelos compostos anticancerígenos, benéficos para o coração, e por compostos que ajudam a prevenir coágulos sanguíneos.

O radicchio, também conhecido como endívia italiana, tem um sabor forte, ligeiramente amargo, que dá vida e cores contrastantes a qualquer salada de folhas. O sabor adstringente desperta o paladar e facilita a secreção de ácido hidroclórico, o que auxilia a digestão. O radicchio é rico em compostos fenólicos, como a quercetina glicosídica, que ajuda a evitar que substâncias pré-cancerígenas danifiquem o organismo, e antocianinas, que ajudam a prevenir câncer e doenças cardíacas. O radicchio roxo contém 4-5 vezes mais compostos fenólicos do que os verdes. Além disso, tem um bom teor de vitamina C, potássio e folato.

- Pode ajudar na digestão.
- Contém boa quantidade de compostos bloqueadores do câncer.
- Pode prevenir doenças cardíacas.
- Rico em luteína e zeaxantina, benéficos para os olhos.

Dicas práticas:
Escolha os de cabeça firme, folhas viçosas e crocantes, sem sinais de amarelecimento. Embale em um saco plástico e guarde na geladeira por até cinco dias. Geralmente, é usado em saladas. Pode ser cortado em quartos, regado com azeite de oliva e limão, temperado e colocado para grelhar ou assar. Pode ainda ser refogado no azeite e regado com vinagre balsâmico.

VOCÊ SABIA QUE...

Os dois tipos de radicchio roxo disponíveis no mercado são o Verona, com uma cabeça pequena, folhas cor de vinho e talos brancos; e o Treviso, com uma cabeça mais apertada e folhas mais estreitas e pontudas.

PRINCIPAIS NUTRIENTES EM 50 g DE RADICCHIO

Kcalorias	12
Gordura total	Traços
Proteínas	0,7 g
Carboidratos	2,2 g
Fibras	0,5 g
Vitamina C	4 mg
Folato	30 mcg
Potássio	151 mg
Cálcio	10 mg
Selênio	0,5 mg
Luteína/Zeaxantina	4416 mcg

Salada de radicchio e pimentão vermelho

SERVE 4 (V) (D) (G) (C) (R)

2 pimentões vermelhos
1 radicchio (separe as folhas)
4 beterrabas cozidas inteiras, cortadas em palitos
12 rabanetes, em fatias
4 cebolinhas verdes, bem picadas
Pão de casca grossa, para acompanhar

Molho francês

6 colheres de sopa de azeite de oliva
1 ½ colheres de sopa de vinagre de vinho tinto
1 colher de chá rasa de açúcar refinado
1 colher de chá rasa de mostarda Dijon
Sal e pimenta

Preparo

1 Tire as sementes dos pimentões e corte em círculos.

2 Arrume as folhas de radicchio em uma travessa para saladas. Junte os pimentões, as beterrabas, os rabanetes e a cebolinha. Misture os ingredientes do molho e regue a salada. Sirva com o pão.

44 RÚCULA

Essa folha verde e picante, usada em saladas, contém carotenos, que possuem várias propriedades anticancerígenas.

Membro da família das brassicáceas, a rúcula é nativa em boa parte da Europa e muito semelhante à mostarda. É pequena e tem folha alongadas e serrilhadas. Hoje em dia, a maior parte da rúcula encontrada no mercado é cultivada; no entanto, a que cresce naturalmente contém, em suas folhas, mais compostos vegetais protetores do que a variedade cultivada. As folhas são ricas em carotenos e uma excelente fonte de luteína e zeaxantina, substâncias que ajudam a prevenir catarata. Contém indol, também encontrado em outras brassicáceas, que ajuda a prevenir contra câncer de intestino. As folhas fornecem boas quantidades de cálcio, benéfico para os ossos e coração, e folato, importante na gravidez, pois ajuda a proteger o feto.

- Contém carotenos que atuam contra o câncer.
- Fonte de luteína que ajuda a proteger a saúde dos olhos, especialmente dos idosos.
- Contém indol que é associado à redução do risco de câncer de cólon.
- Boa fonte de cálcio para a proteção dos ossos.

Dicas práticas:
Escolha rúculas com folhas bem escuras, que tem teor mais alto de carotenos. Pode ser usada em saladas, na cobertura de pizzas ou como guarnição em outros pratos. Pode substituir o espinafre em receitas com massas; batida ou amassada dá um bom molho pesto. É bastante perecível, precisando ser consumida em 1-2 dias, no máximo.

VOCÊ SABIA QUE...

A rúcula, quando semeada, cresce rapidamente. É perfeita para jardineiras ou canteiros.

PRINCIPAIS NUTRIENTES ENCONTRADOS EM 15 g DE RÚCULA

Kcalorias	4
Gordura total	Traços
Proteínas	0,4 g
Carboidratos	0,5 g
Fibras	0,2 g
Vitamina C	2,3 mg
Folato	15 mcg
Potássio	55 mg
Cálcio	24 mcg
Betacaroteno	214 mcg
Luteína/Zeaxantina	533 mcg

Anchovas com salsão e rúcula

SERVE 4 (D) (G) (C)

2 talos de salsão
4 punhados de rúcula
12-16 filés de anchova em salmoura (em lata), cortados na metade no sentido do comprimento
1 ½ colher de sopa de azeite de oliva extravirgem
Sal e pimenta
Limão cortado em gomos, para acompanhar

Preparo

1 Corte os talos de salsão em palitos de 7,5 cm. Deixe de molho em água gelada por 30 minutos ou até ficarem crocantes e levemente enrolados. Escorra e seque com papel toalha.

2 Divida a rúcula entre quatro pratos rasos. Arrume o salsão e as anchovas por cima. Regue com o azeite e tempere com sal e pimenta. Lembre-se que as anchovas já têm sal. Sirva com os gomos de limão.

45 AGRIÃO

As folhas levemente apimentadas do agrião são ricas em vitamina C e contêm substâncias químicas que ajudam a prevenir contra o câncer de pulmão.

Mesmo quando consumido em pequenas quantidades, o agrião é uma central de força de nutrientes e boa fonte das vitaminas C e K, potássio e cálcio. Tem alto teor de carotenos e luteína, benéficos para os olhos. É rico em várias substâncias vegetais que ajudam a prevenir ou minimizar alguns tipos de câncer, entre as quais, encontra-se o feniletil isotiocianato, que ajuda a bloquear a ação das células associadas ao câncer de pulmão. Além disso, o agrião é considerado um desintoxicante do fígado e depurador do sangue. Contém óleos benzílicos, considerados antibióticos potentes. Pode ajudar a melhorar a visão noturna e a diminuir os efeitos da hipersensibiliadade à luz solar (esse distúrbio é chamado porfiria).

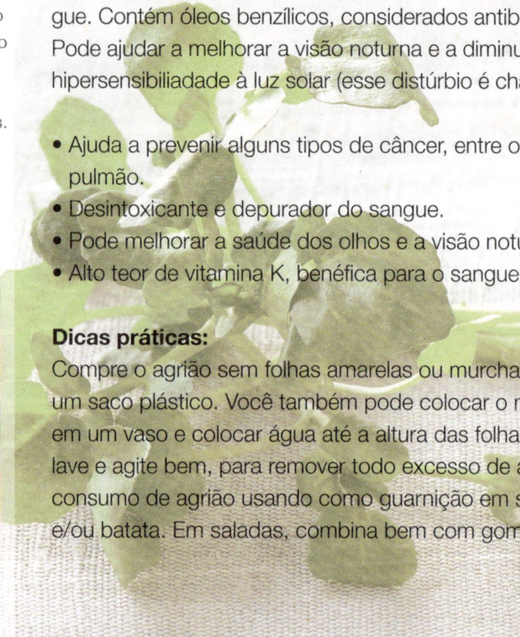

- Ajuda a prevenir alguns tipos de câncer, entre os quais o de pulmão.
- Desintoxicante e depurador do sangue.
- Pode melhorar a saúde dos olhos e a visão noturna.
- Alto teor de vitamina K, benéfica para o sangue e para os ossos.

Dicas práticas:
Compre o agrião sem folhas amarelas ou murchas e guarde em um saco plástico. Você também pode colocar o maço de agrião em um vaso e colocar água até a altura das folhas. Antes de usar, lave e agite bem, para remover todo excesso de água. Aumente o consumo de agrião usando como guarnição em sopas de cebola e/ou batata. Em saladas, combina bem com gomos de laranja.

VOCÊ SABIA QUE...

É aconselhável comprar agrião cultivado comercialmente e não colher agrião selvagem, que cresce próximo a águas poluídas e pode transmitir bactérias.

PRINCIPAIS NUTRIENTES ENCONTRADOS EM 25 g DE AGRIÃO

Kcalorias	3
Gordura total	Traços
Proteínas	0,6 g
Carboidratos	0,3 g
Fibras	Traços
Vitamina C	11 mg
Vitamina K	62 mcg
Potássio	83 mg
Cálcio	30 mg
Betacaroteno	705 mcg
Luteína/Zeaxantina	1442 mcg

Salada de agrião, abobrinha italiana e hortelã

SERVE 4 (V) (D) (P) (C)

2 abobrinhas italianas, cortada em palitos finos
100 g de vagens, cortadas em três pedaços cada uma
1 pimentão verde, sem sementes e cortado em tiras
2 talos de salsão, cortado em fatias
1 maço de agrião
Sal e pimenta

Molho

¾ de xícara de iogurte natural
1 dente de alho, espremido
2 colheres de sopa de hortelã fresca picada

Preparo

1 Coloque as abobrinhas em palito e as vagens em uma panela com água e sal e cozinhe por 7-8 minutos. Escorra, enxágue sob água corrente fria e escorra novamente. Deixe esfriar totalmente.
2 Misture as abobrinhas e as vagens com o pimentão, o salsão e o agrião em uma travessa.
3 Para o molho, misture o iogurte, o alho e a hortelã. Tempere com pimenta a gosto.
4 Regue a salada com o molho e sirva imediatamente.

46 REPOLHO

As folhas verdes do repolho Savoia contêm vários nutrientes e substâncias vegetais que ajudam a combater o câncer e são ricas em minerais e vitamina C.

O repolho, tanto a variedade Savoia quanto outras variedades de folhas verde-escuras, é rico em substância químicas vegetais, que ajudam a inibir o crescimento de tumores cancerígenos. É provável que essas substâncias aumentem o metabolismo de estrogênio, e, assim, aparentemente auxiliam na prevenção de alguns tipos de câncer, como o de intestino, pulmonar e de mama. O repolho é também muito rico em vitamina C, folato, fibras e minerais, além de ser fonte de vitaminas B e K, ferro e betacaroteno. O suco do repolho é tradicional remédio para úlceras pépticas. Contém indol, que pode ajudar a baixar o colesterol ruim.

- Alto teor de vários nutrientes, como a vitamina C e cálcio.
- Ação anticancerígena e anti-inflamatória comprovada.
- Ajuda a prevenir o aumento do colesterol ruim e doenças cardíacas.
- Pode ajudar no tratamento de úlceras pépticas.

Dicas práticas:
Para não perder vitamina C e manter o repolho fresco, coloque-o num saco plástico na geladeira. Para conservar a maioria dos nutrientes, cozinhe no vapor ou refogue por alguns minutos. Para evitar a liberação do forte odor característico do repolho, não cozinhe demais – acrescentar um pouco de vinagre na água do cozimento também ajuda.

VOCÊ SABIA QUE...

Esse popular repolho de folha crespa e crocante é originário da Savoia, uma região nos Alpes na fronteira da França com a Itália, que lhe empresta o nome.

PRINCIPAIS NUTRIENTES ENCONTRADOS EM 100 g DE REPOLHO CRESPO OU SAVOIA

Kcalorias	27
Gordura total	Traços
Proteínas	2 g
Carboidratos	6 g
Fibras	3 g
Vitamina C	31 mg
Folato	3 mcg
Potássio	230 mg
Magnésio	28 mg
Cálcio	35 mg
Selênio	0,9 mcg
Betacaroteno	600 mcg

Cozido da primavera

SERVE 4 (V) (D) (G) (C)

2 colheres de sopa de azeite de oliva
4-8 cebolas para conserva (minicebolas), cortadas ao meio
2 talos de salsão, em fatias
225 g de cenouras baby, raspadas e cortadas na metade se forem grandes
300 g de batatas tenras, raspadas e cortadas na metade ou em quartos, se forem grandes
3 ½ - 5 xícaras de caldo de legumes
400 g de feijão-branco cozido, sem o caldo (se usar enlatado, escorra e enxágue)
1 ½ - 2 colheres de sopa de molho de soja light
85 g de miniespigas de milho
¾ de xícara de feijão-fava
½ - 1 repolho Savoia
1 ½ colheres de sopa de amido de milho
2 colheres de sopa de água fria
Sal e pimenta
½ - ¾ de xícara de parmesão ou queijo cheddar firme, ralado na hora, para acompanhar

Preparo

1 Aqueço o azeite em uma panela de fundo grosso, com tampa. Junte as cebolas, o salsão, as cenouras e as batatas. Cozinhe por 5 minutos, sem parar de mexer, até amolecer. Acrescente o caldo, feijão-branco e o molho de soja. Ao levantar fervura, abaixe o fogo, tampe e cozinhe por 12 minutos.

2 Misture a cenoura baby e a fava, tempere com sal e pimenta a gosto e cozinhe por mais 3 minutos.

3 Descarte as folhas externas e o caule central do repolho e corte em tiras. Coloque na panela e cozinhe por 3-5 minutos ou até ficar macio.

4 Misture o amido de milho e a água em uma tigelinha à parte e junte ao cozido, mexendo bem. Cozinhe por 4-6 minutos ou até engrossar. Sirva com o queijo ralado.

47 ENDÍVIA

A tenra endívia é um anti-inflamatório forte, que ajuda a minimizar os sintomas da artrite; o teor de fibras é um prebiótico para a saúde digestiva.

As folhas esbranquiçadas da endívia, com seu sabor característico ligeiramente amargo, são um excelente ingrediente para saladas. Durante o cultivo, é comum cobrir ou embrulhar a endívia para evitar a luminosidade e clarear as folhas, fazendo com que fique menos amarga e mais agradável ao paladar. O sabor amargo está relacionado à lactucina e cumarina, compostos benéficos presentes na endívia que contêm substâncias químicas anti-inflamatórias, ajudam a aliviar os sintomas de gota e artrite e também atuam como sedativos. A endívia possui um tipo especial de fibra, a inulina, que age como um prebiótico para o sistema digestivo, estimulando a bactéria boa, essencial para a saúde do intestino. Ajuda a regular os níveis de açúcar no sangue, melhora o sistema imunológico e pode aumentar o colesterol "bom" e diminuir o colesterol "ruim".

- Prebiótico para o intestino.
- Regula os níveis de açúcar no sangue.
- Melhora o colesterol.
- Sedativo moderado e anti-inflamatório.
- Pode ser usada como laxante moderado.

Dicas práticas:
Pode ser usada crua, em saladas, com gomos de laranja ou pera, ou ainda refogada. A endívia é sensível à luz – guarde-a embalada em saco de papel pardo, na geladeira. Pincele as folhas com suco de limão ou vinagre para evitar que escureçam.

VOCÊ SABIA QUE...

A raiz da endívia é grossa e comprida, semelhante à raiz do dente-de-leão. Seca, torrada e moída, torna-se excelente substituto para o café.

PRINCIPAIS NUTRIENTES ENCONTRADOS EM 50 g DE ENDÍVIA

Kcalorias	9
Gordura total	Traços
Proteínas	0,5 g
Carboidratos	2 g
Fibras	1,6 g
Folato	19 mcg
Cálcio	10 mg
Potássio	106 mg

Salada de endívia e pera

SERVE 4 (V) (D) (C) (R)

½ xícara de nozes em pedaços
2 colheres de sopa de maple syrup*
2 peras grandes
Suco de ½ limão
2 endívias inteiras, só as folhas
85 g de queijo bleu ou gorgonzola

Vinagrete

4 colheres de sopa de azeite de oliva
1 colher de sopa de vinagre de vinho branco
½ colher de chá de açúcar refinado
½ colher de chá de mostarda Dijon
Sal e pimenta

Maple syrup: glucose de bordo.

Preparo

1 Preaqueça o forno na temperatura média-alta. Em uma tigela, misture bem as nozes e o *maple syrup*. Coloque as nozes em uma assadeira, deixando o excesso de *maple syrup* na tigela. Cubra com papel-alumínio e asse por 2 minutos ou até que as nozes estejam quentes e o *maple syrup* comece a fazer bolhas. Retire do fogo e deixe esfriar.
2 Descasque as peras e retire as sementes. Corte em fatias, no sentido do comprimento. Pincele cada fatia com o suco de limão para que não escureçam.
3 Em uma tigela pequena, misture os ingredientes do vinagrete.
4 Coloque as folhas de endívia em uma tigela, junte 4 colheres de sopa do vinagrete e misture com as mãos. Se necessário, adicione mais molho. Junte as peras e misture tudo com cuidado.
5 Divida a salada entre quatro pratos. Desmanche o queijo com as mãos e espalhe sobre a salada. Salpique as nozes caramelizadas e sirva.

48 ABÓBORA

As abóboras de polpa alaranjada podem ajudar a prevenir o câncer de pulmão e são especialmente ricas em vitamina C e E.

A abóbora é da mesma família da moranga, do pepino e do melão, tem um sabor que lembra nozes e pode ser usada tanto para pratos doces quanto salgados. As variedades de polpa alaranjada, como a Butternut, são as mais nutritivas e também uma das mais ricas em betacriptoxantina, um caroteno que pode ajudar a prevenir o câncer pulmonar. Outros carotenos presentes nessa abóbora podem auxiliar na redução do risco de câncer de intestino e de problemas na próstata. Além disso, pode ajudar a reduzir inflamações associadas à asma e à artrite. É também uma fonte muito boa das vitaminas C e E, cálcio, ferro e magnésio.

- Contém substâncias químicas que protegem contra câncer de intestino e de pulmão.
- Anti-inflamatória.
- Rica em vários minerais e vitaminas.
- Alto teor de fibras e carboidratos.

Dicas práticas:
As abóboras de inverno podem ser armazenadas por até 6 meses em local fresco, seco, escuro e ventilado. Antes de preparar, corte na metade e use uma colher para tirar as sementes. As abóboras podem ser recheadas e assadas. Sem casca e fatiadas, podem ser tostadas ou assadas; a abóbora tostada é um ótimo ingrediente para sopas. Regar a abóbora já preparada com um pouco de azeite facilita a absorção dos carotenos pelo organismo.

VOCÊ SABIA QUE...

Não descarte as sementes da abóbora butternut – você pode secá-las no forno na temperatura baixa e servi-las da mesma maneira que as sementes da abóbora-moranga.

PRINCIPAIS NUTRIENTES ENCONTRADOS EM ¼ DE UMA ABÓBORA BUTTERNUT PEQUENA

Kcalorias	68
Gordura total	Traços
Proteínas	1,5 g
Carboidratos	17,5 g
Fibras	3 g
Vitamina C	31 mg
Vitamina B3	1,8 mg
Folato	41 mcg
Vitamina E	2,2 mg
Potássio	528 mg
Cálcio	72 mg
Ferro	1 mg
Magnésio	51 mg
Betacaroteno	6339 mcg
Betacriptoxantina	5207 mcg

Sopa de abóbora com batata-doce e alho

SERVE 6–8 (D) (G) (C)

1 abóbora butternut ou moranga de polpa alaranjada
1 batata-doce, de cerca de 350 g
4 minicebolas (usadas para conserva)
2 colheres de sopa de azeite de oliva
5-6 dentes de alho, com casca
3 ½ xícaras de caldo de galinha
⅓ de xícara de creme azedo desnatado
Pimenta
Cebolinha verde picada, só a folha, para decorar

Preparo

1 Preaqueça o forno a 190 °C. Corte na metade, no sentido do comprimento, a abóbora, a batata-doce e as cebolas. Use uma colher para tirar as sementes da abóbora. Pincele os lados com o azeite.

2 Coloque os legumes em uma assadeira, com o lado cortado para cima e junte os dentes de alho. Asse por 40 minutos, até ficar macio e dourado. Deixe esfriar.

3 Depois de frios, use uma colher para transferir a polpa da abóbora e da batata-doce para uma panela. Junte as cebolinhas. Descasque o alho e coloque a polpa macia na panela com os outros legumes.

4 Acrescente o caldo. Quando começar a ferver, abaixe o fogo e cozinhe, com a panela parcialmente tampada, por 30 minutos ou até que fique bem macio. Mexa de vez em quando.

5 Espere esfriar um pouco, e bata no liquidificador ou processador, até obter uma mistura bem homogênea. Dependendo do tamanho dos aparelhos, talvez seja necessário repetir essa operação. (Se estiver usando um processador, escorra o líquido, bata os legumes e misture-os novamente ao líquido).

6 Leve a sopa de volta ao fogo. Tempere com pimenta a gosto e cozinhe por mais 5 minutos. Com uma concha, encha tigelas ou pratos fundos aquecidos, enfeite com montinhos ou bolas de creme azedo, as cebolinhas verdes picadas e mais pimenta. Sirva.

49 ALFACE

Sedativo moderado, a alface pode ajudar a melhorar o sono. É também conveniente e útil para regimes e dietas, pois contém poucas calorias e alto teor de fibras.

Existem dezenas de variedades de alface disponíveis no mercado, inclusive sementes para cultivar. Ao escolher, leve em consideração que as mais benéficas à saúde são as de folhas verdes ou verde--escuras, com alguns toques de vermelho, pois contêm mais carotenos e vitamina C do que as de folhas mais claras. A alface romana, por exemplo, contém 5 vezes mais vitamina C e mais betacaroteno do que a alface americana. As variedades de coloração mais acentuada contêm quantidades razoáveis de folato, potássio e ferro. A alface tem alto teor de fibras, poucas calorias e índice glicêmico baixo.

- Alimento nutritivo com poucas calorias, recomendado para regimes e dietas.
- Alto teor do antioxidante vitamina C e carotenos, que auxiliam na prevenção de doenças.
- Sedativo moderado.
- Alto teor de folato, benéfico para o coração e vias arteriais.

Dicas práticas:
As alfaces não orgânicas devem ser lavadas cuidadosamente, pois podem conter resíduos de pesticidas e outras bactérias. Se for muito grande para uma refeição, use algumas folhas externas; não corte na metade, pois o caule interno fica escuro. O azeite na salada facilita a absorção dos carotenos, mas tempere a alface apenas momentos antes de servir, para evitar que as folhas murchem.

VOCÊ SABIA QUE...

A alface é usada crua, em saladas, na maioria dos países. Na França, contudo, é comum servi-la cozida com ervilhas. Já na China, é usada em refogados e cozidos com frequência.

PRINCIPAIS NUTRIENTES EM 80 g DE ALFACE

Kcalorias	14
Gordura total	0,2
Proteínas	1 g
Carboidratos	2,6 g
Fibras	1,7 g
Vitamina C	19 mg
Folato	109 mcg
Potássio	198 mg
Cálcio	26 mg
Ferro	0,8 mg
Betacaroteno	2787 mcg
Luteína/Zeaxantina	1850 mcg

Salada de alface e vagem

SERVE 4–6 (D) (G) (C) (R)

450 g de vagens, sem as pontas
⅓ de xícara de maionese light
⅓ de xícara de iogurte natural desnatado
½ colher de sopa de suco de limão, ou a gosto
½ colher de chá de pasta de curry suave, ou a gosto
½ colher de chá de cúrcuma
2 pés de alface, folhas separadas
3 peitos de frango cozidos, sem pele, desfiados
Sal e pimenta

Vinagrete de ervas

5 colheres de sopa de azeite de oliva
4 colheres de sopa de vinagre de vinho branco
1 colher de chá de açúcar refinado
1 colher de chá de mostarda Dijon
1 colher de sopa de salsinha, estragão e hortelã, misturados e picados
Sal e pimenta

Preparo

1 Cozinhe as vagens em uma panela com água e sal por 5 minutos ou até ficarem macias. Escorre e coloque, imediatamente, em uma tigela com água e cubos de gelo para parar o cozimento. Deixe esfriar.

2 Misture os ingredientes do vinagrete em uma tigela à parte. Escorra as vagens, seque-as com papel toalha e misture-as ao vinagrete, mexendo bem. Reserve.

3 Para fazer o molho de curry, misture bem a maionese e o iogurte. Junte o suco de limão, a pasta de curry e a cúrcuma e misture bem. Experimente e acrescente mais suco de limão ou pasta de curry, se necessário. Tempere com sal e pimenta a gosto. Cubra e deixe na geladeira até usar.

4 Antes de servir, forre uma travessa para saladas ou pratos individuais com as folhas de alface. Disponha as vagens temperadas no centro. Arrume o peito de frango desfiado em volta das vagens. Regue o frango com o molho de curry e leve à mesa.

3

AVES, PEIXES E FRUTOS DO MAR

Com altos teores de gordura Ômega-3, minerais e proteínas, as aves, peixes e frutos do mar são alguns dos mais importantes elementos a serem incluídos em uma dieta saudável. Preparados sem muita sofisticação ou grelhados com temperos delicados, aves e peixes podem ser o prato principal de uma refeição e combinam bem com qualquer salada.

(V) recomendado para vegetarianos
(D) ideal para quem está de dieta ou regime
(G) recomendado para grávidas
(C) recomendado para crianças com mais de 5 anos
(R) rápido para preparar e cozinhar

50 FRANGO

Nossas avós estavam certas – cientistas confirmaram que canja de galinha melhora o sistema imunológico e ajuda a combater gripes e resfriados.

Cientistas acreditam que canja de galinha alivia os sintomas de gripes e resfriados, pois estimula a produção de células que combatem infecções. Incluir os ossos no preparo da sopa aumenta esse efeito ainda mais. Uma porção de carne de frango magra contém quase a metade das necessidades de proteína mais a necessidade diária de niacina (vitamina B3) recomendada para mulheres adultas, e contribui para as necessidades diárias de alguns minerais como o ferro, o antioxidante zinco e o potássio. Sua carne é rica em selênio, um mineral anticancerígeno quase sempre ausente de nosso cardápio. Alguns estudos mostram que o frango orgânico contém teor mais alto de gordura Ômega-3, vitamina E e outros nutrientes do que a carne não orgânica.

- Ajuda a melhorar o sistema imunológico e previne contra o câncer.
- Contém niacina, que ajuda a prevenir contra a doença de Alzheimer e a deterioração cognitiva.
- Contém vitamina B, que ajuda a prevenir danos arteriais causados pela homocisteina, fator de risco para doenças cardíacas.

Dicas práticas:
O frango inteiro deve ser guardado na geladeira, sempre coberto, por no máximo 3 dias – depois desse prazo, a contagem de bactérias aumenta. Lave muito bem antes de começar a preparar. Use uma tábua só para preparar a carne de frango e lave bem as mãos e os utensílios utilizados quando terminar.

VOCÊ SABIA QUE...

A pele do frango concentra toda a gordura. Se remover toda a pele antes de preparar ou na hora de comer, o frango se torna uma alternativa com poucas calorias.

PRINCIPAIS NUTRIENTES ENCONTRADOS EM 150 g DE FRANGO SEM PELE

Kcalorias	166
Gordura total	4 g
Proteínas	30,5 g
Niacina	11,8 g
Vitamina B5	1,5 g
Vitamina B6	0,6 mg
Vitamina B12	0,5 mcg
Potássio	356 mg
Selênio	25 mcg
Magnésio	34 mg
Cálcio	15 mg
Ferro	1,5 mg
Zinco	1,8 mg

Frango laksa

SERVE 4 (D) (G) (C) (R)

3 ¾ de xícara de leite de coco desnatado
3 ¾ de xícara de caldo de galinha
*2-3 colheres de sopa de curry em pasta**
3 peitos de frango desossados e sem pele, de cerca de 175 g cada, cortados em tiras.
250 g de tomates cereja, cortados ao meio
250 g de ervilha torta, cortadas ao meio na diagonal
200 g de macarrão de arroz (seco)
1 maço de coentro picado

Preparo

1 Coloque o leite de coco e o caldo em uma panela. Junte o curry em pasta e misture bem. Acrescente as tiras de frango e cozinhe em fogo brando por 10-15 minutos, ou até que o frango esteja bem cozido.
2 Misture os tomates, a ervilha torta e o macarrão. Cozinhe por mais 2-3 minutos. Adicione o coentro e sirva imediatamente.

*A receita sugere uma pasta de curry verde, típica da culinária da Malásia, chamada laksa paste. Pode ser encontrada em lojas especializadas em comida oriental.

51 ATUM

O atum fresco é uma rica fonte de Ômega-3 e de minerais antioxidantes, benéficos para o coração e as vias arteriais. É rico em vitamina E, que ajuda a manter a pele saudável.

O atum fresco, ao natural ou congelado tem sabor acentuado, denso e firme, semelhante ao da carne, por isso, é ideal para quem não é muito apreciador de peixes. Excelente fonte de proteína e muito rico em vitaminas B, selênio e magnésio, uma pequena porção contém cerca de 20% das necessidades diárias de vitamina E. Outros peixes oleaginosos contêm mais Ômega-3, mas o atum tem um bom teor de gordura EPA e DHA (ajuda a manter o bom funcionamento do coração e do cérebro). Uma porção de atum por semana pode prover 1,4 g destas gorduras, dose recomendada para uma semana.

- Boa fonte das gorduras Ômega-3, EPA e DHA, que ajudam a prevenir contra várias doenças.
- Alto teor de proteína.
- Rico em selênio e magnésio, bons para o coração.
- Extremamente rico em vitamina B12, boa para o sangue.

Dicas práticas:
Peixe fresco não exala cheiro e deve ser preparado e consumido no dia da compra. Para evitar a perda dos efeitos benéficos da Ômega-3, doure rapidamente os dois lados do atum e cozinhe o mais rápido possível. Filés de atum podem ser fatiados e refogados por um minuto, com legumes fatiados. Ao contrário de outros peixes, suas fatias não se despedaçam.

VOCÊ SABIA QUE...

Pesquisas mostraram que o atum enlatado (no óleo, na água, na salmoura ou no molho de tomates) perde a maior parte da gordura Ômega-3, benéfica para a saúde. Quando consumir atum enlatado, não o inclua no cálculo da ingestão de gordura.

PRINCIPAIS NUTRIENTES ENCONTRADOS EM 100 g DE ATUM

Kcalorias	144
Gordura total	4,9 g
Proteínas	23 g
EPA	0,4 g
DHA	1,2 g
Niacina	8,3 mg
Vitamina B5	1 mg
Vitamina B6	0,5 mg
Vitamina B12	9,4 mg
Vitamina E	1 mg
Potássio	252 mg
Selênio	36 mcg
Magnésio	50 mg
Ferro	1 mg
Zinco	0,6 mg

Atum grelhado com feijão-branco e alcachofra

SERVE 6 (D) (C)

⅓ de xícara de azeite de oliva
Suco de 1 limão
½ colher de chá de pimenta vermelha em flocos
¼ de colher de chá de pimenta-do--reino moída na hora
4 filés de atum finos, cerca de 450 g
800 g de feijão-branco cozido sem o caldo (pode ser enlatado)
1 minicebola, picada
1 dente de alho espremido
2 colheres de chá de alecrim fresco picado
2 colheres de sopa de salsinha fresca picada
4 alcachofras em conserva, no azeite, escorridas e cortadas em quartos
4 tomates maduros, cortados em gomos
16 azeitonas pretas, sem caroço
Sal e pimenta
Gomos de limão, para acompanhar

Preparo

1 Coloque 4 colheres de sopa de azeite numa travessa rasa, junte 3 colheres de sopa de suco de limão, a pimenta vermelha em flocos e a pimenta-do-reino. Junte os filés de atum e deixe marinar na temperatura ambiente por 1 hora, virando de vez em quando.

2 Aqueça o feijão-branco no microondas por 2 minutos na potência média. Junte 4 colheres de sopa de azeite, a cebola, o alho, as ervas frescas picadas e o restante do suco de limão. Misture bem. Tempere com um pouco de sal e bastante pimenta. Deixe descansar por pelo menos 30 minutos para incorporar o sabor dos temperos.

3 Pincele uma frigideira antiaderente ou uma grelha com o restante do azeite e coloque por alguns segundos em fogo alto. Agite o atum para tirar o excesso da marinada e doure na frigideira por 1-2 minutos de cada lado, sempre em fogo alto. Transfira os filés para uma tábua ou travessa, diminua o fogo e cozinhe a marinada na mesma frigideira por 1-2 minutos.

4 Para servir, em uma travessa ou tigela misture os feijões, as alcachofras, os tomates, as azeitonas e a marinada. Espalhe o atum por cima. Enfeite com os gomos de limão e sirva na temperatura ambiente.

52 SARDINHA

A sardinha é a melhor fonte de gorduras Ômega-3 e pode prevenir contra doenças cardíacas e Alzheimer.

A sardinha enlatada é consumida com mais frequência e contém quase a mesma quantidade de nutrientes; porém, a sardinha fresca, além de saudável, é uma delícia. É um dos peixes mais ricos em gorduras Ômega-3, DHA e EPA. Esses ácidos graxos podem ajudar a prevenir ou controlar artrite, doenças cardiovasculares e Alzheimer, e a ingestão adequada pode aliviar a depressão e melhorar o desempenho cognitivo. É um dos poucos alimentos ricos em vitamina D, que ajuda na formação e proteção dos ossos ao longo da vida. Tem alto teor de outras vitaminas e minerais; uma porção provê ⅓ das necessidades diárias de ferro e vitamina E recomendadas para um adulto e a quantidade total de vitamina B12 e selênio recomendados para um dia.

- Excelente fonte de gorduras Ômega-3, que ajudam na prevenção de doenças.
- Ideal para manter, a longo prazo, o bom desempenho cognitivo.
- Ajuda a baixar o colesterol ruim e a pressão arterial.
- O consumo constante e regular pode ajudar a reduzir em 50% o risco de derrames.

Dicas práticas:
Compre sardinhas frescas já limpas, doure na grelha e sirva com suco de limão e pão, ou com tomates grelhados e torradas de pão integral. As espinhas da sardinha são comestíveis e importante fonte de cálcio; porém, para quem não gosta é possível fazer filés e servi-los com molho de mostarda, que atenua o forte sabor.

VOCÊ SABIA QUE...

Comparando cada grama, as sardinhas fornecem mais proteínas do que a carne vermelha, mais potássio do que a banana e mais ferro do que o espinafre cozido.

PRINCIPAIS NUTRIENTES ENCONTRADOS EM 135 g DE SARDINHA (CERCA DE 3 UNIDADES)

Kcalorias	280
Gordura total	16 g
Proteínas	33 g
EPA	1,147 g
DHA	1,550 g
Niacina	7 mg
Vitamina B12	15 mcg
Vitamina	27,7 mg
Vitamina B	2,7 mg
Potássio	536 mg
Selênio	71 mcg
Magnésio	53 mg
Ferro	3,9 mg
Zinco	1,8 m

Sardinhas recheadas

SERVE 6 (D) (G) (C)

15 g de salsinha picada
4 dentes de alho, bem picados
12 sardinhas frescas, limpas e descamadas
3 colheres de sopa de suco de limão
¾ de xícara de farinha de trigo
1 colher de chá de cominho moído
Azeite de oliva para pincelar
Sal e pimenta

Preparo

1 Em uma tigela, misture a salsinha e o alho. Enxágue o peixe por dentro e por fora em água corrente fria e enxugue com toalhas de papel. Com uma colher, recheie os peixes e espalhe as sobras por fora. Regue com o suco de limão, transfira para uma travessa não metálica, cubra com filme plástico e deixe marinar na geladeira por 1 hora.

2 Preaqueça a grelha na temperatura média-alta. Misture a farinha e o cominho, tempere com sal e pimenta a gosto. Coloque essa mistura de farinha em um prato e passe as sardinhas, cobrindo inteiramente cada peixe.

3 Pincele as sardinhas com o azeite e grelhe por 3-4 minutos de cada lado. Sirva imediatamente.

53 CAVALA

Relativamente barata, a cavala é uma excelente fonte de gorduras Ômega-3, além de ser rica em minerais e vitamina E.

Excelente opção para quem deseja consumir suas 1-2 doses semanais de peixe oleaginoso. É um dos peixes que contém um dos mais altos teores de EPA e DHA, duas gorduras Ômega-3 exclusivas de peixes oleaginosos e fígado de peixes. Vários trabalhos científicos comprovam que o consumo elevado da cavala traz muitos benefícios importantes e vitais para a saúde. Inúmeras experiências mostram que o consumo regular de peixes oleaginosos previne doenças cardíacas e derrames, alivia inflamações e reduz a pressão arterial, melhorando a taxa de gordura no sangue e o colesterol.

- Anti-inflamatório, pode aliviar sintomas da doença de Crohn, dores nas articulações e artrite.
- Ajuda a prevenir doenças cardíacas e derrames.
- Rica em selênio, magnésio, potássio, ferro e em vitaminas D e E.

Dicas práticas:
Escolhas cavalas firmes, com pele lustrosa e olhos brilhantes. Ao segurar uma cavala fresca pela cabeça, em posição horizontal, ela não pende. Peixes oleaginosos são mais perecíveis do que os de carne branca; consuma a cavala em no máximo 24 horas depois da compra. Assar, fritar, grelhar, preparar na churrasqueira são excelentes modos de preparo. Por ser saborosa, combina melhor com mostarda, raiz forte ou molho de ruibarbo em vez de molhos à base de creme.

VOCÊ SABIA QUE...

Os romanos usavam a cavala para fabricar garum, um molho de peixe fermentado semelhante ao usado hoje em dia na culinária tailandesa.

PRINCIPAIS NUTRIENTES ENCONTRADOS EM 100 g DE CAVALA

Kcalorias	207
Gordura total	14 g
EPA	0,71 g
DHA	1,1 g
Niacina	9,1 mg
Vitamina B6	0,4 mg
Vitamina B12	8,8 mcg
Vitamina	363 mcg
Vitamina E	1,5 mg
Potássio	317 mg
Selênio	44,5 mcg
Magnésio	77 mg
Ferro	1,6 mg
Zinco	0,6 mg

Cavala na grelha

SERVE 4 (D) (C) (R)

4 cavalas
2 colheres de sopa de azeite de oliva
2 colheres de sopa de suco de limão
Sal marinho (ou sal grosso) e pimenta
Gomos de limão e vagens cozidas, para acompanhar

Preparo

1 Limpe os peixes e corte as cabeças. Faça talhos na diagonal, dos dois lados do peixe. Esfregue o azeite, limão, sal e pimenta, empurrando o sal e a pimenta para dentro dos talhos.
2 Preaqueça a grelha. Doure cada lado por 5-6 minutos.
3 Transfira para quatro pratos aquecidos e sirva com os gomos de limão e as vagens cozidas.

54

SALMÃO

O salmão é excelente fonte de gorduras Ômega-3, do anticancerígeno selênio e de vitamina B12, que ajuda na prevenção de doenças cardíacas e de um tipo de anemia.

A maioria do salmão consumido hoje em dia vem de cativeiro. Embora o salmão selvagem tenha menos gordura e um pouco mais de alguns nutrientes, os dois tipos se equiparam. O salmão é nossa maior fonte de oleaginosas, que ajudam a prevenir doenças cardíacas, coágulos sanguíneos, derrame, pressão e colesterol altos. É excelente fonte de proteína, niacina, vitamina B12, magnésio, vitamina B6 e de selênio, que auxilia na prevenção de câncer.

- Previne doenças cardiovasculares e derrame.
- Ajuda a manter o bom funcionamento do cérebro e melhora a resistência à insulina.
- Pode ajudar crianças a melhorar a concentração e o desempenho das funções cerebrais, além de ajudar na prevenção da asma infantil.
- Ajuda a aliviar dores nas articulações e pode prevenir alguns tipos de câncer.

Dicas práticas:

Para melhor aproveitamento do Ômega-3, é aconselhável cozinhar rapidamente, aferventar ou grelhar o salmão, em vez de fritar. Cozimento em excesso pode oxidar as gorduras essenciais, o que significa que elas deixam de ser proveitosas. O salmão, quando congelado, conserva todas as oleaginosas, vitaminas e minerais; já o salmão enlatado ou em conserva perde uma parte desses nutrientes.

VOCÊ SABIA QUE...

O salmão criado comercialmente, ou salmão de cativeiro, contém duas vezes mais gorduras do que o salmão selvagem – o peixe selvagem é mais magro.

PRINCIPAIS NUTRIENTES ENCONTRADOS EM 100 g DE SALMÃO

Kcalorias	183
Gordura total	10,8 g
Proteínas	19,9 g
EPA	0,618 g
DHA	1,293 g
Niacina	7,5 mg
Vitamina B6	0,64 mcg
Vitamina B12	2,8 mcg
Folato	26 mcg
Vitamina E	1,9 mg
Vitamina C	3,9 mg
Potássio	362 mg
Selênio	36,5 mcg
Magnésio	28 mg
Zinco	0,4 mg

Salmão e vieiras com coentro

SERVE 6–8 (D) (R)

6 colheres de sopa de óleo vegetal
280 g de filé de salmão, sem a pele, cortado em pedaços de 2,5 cm.
225 g de vieiras frescas, fora da concha
3 cenouras em fatias bem finas
2 talos de salsão cortados em pedaços de 2,5 cm
2 pimentões amarelos, cortado em rodelas bem finas
175 g de cogumelos enoki
6 colheres de sopa de coentro picado
3 minicebolas cortadas em fatias bem finas
Suco de 2 limões
1 colher de chá de raspas de limão
1 colher de chá de pimenta vermelha em flocos
3 colheres de sopa de vinho Jerez seco
3 colheres de sopa de molho de soja
Macarrão cozido, para acompanhar

Preparo

1 Aqueça o óleo em uma frigideira wok ou em uma frigideira funda. Adicione o salmão e as vieiras e refogue em fogo médio por 3 minutos. Retire e mantenha aquecido.

2 Refogue as cenouras, o salsão, os pimentões, os cogumelos e o alho por 3 minutos. Junte o coentro e as cebolas.

3 Misture o suco e as raspas de limão, a pimenta, o vinho e o molho de soja. Refogue o salmão e as vieiras na frigideira por 1 minuto, mexendo sempre. Faça uma camada de macarrão em pratos individuais aquecidos, coloque o refogado por cima e sirva imediatamente.

55 MEXILHÃO

O mexilhão é ideal para dietas devido ao baixo teor de gordura e ao alto teor de proteína. É rico em cálcio, bom para o coração e os ossos.

Há uma grande variedade de mexilhões, de diferentes tamanhos e formatos. Todos os mexilhões comestíveis são muito nutritivos, contêm pouca gordura e vários minerais e vitaminas do complexo B. Têm alto teor de ferro – 100 g de mexilhões com a concha contêm a dose diária recomendada. O ferro carrega o oxigênio dos pulmões para outras partes do corpo, é importante para o sistema imunológico e ajuda a aumentar a resistência a infecções e a melhorar a cicatrização. Consumindo mexilhões, mulheres portadoras de anemia causada pela perda de ferro durante a menstruação conseguem aumentar o teor de ferro no sangue.

- Alto teor de ferro, bom para o sangue.
- Contém bastante cálcio, que ajuda a manter ossos fortes.
- Alto teor de selênio, mineral anticancerígeno.
- Boa fonte de zinco, que ajuda a melhorar o sistema imunológico e a aumentar a fertilidade.

Dicas práticas:
Devem-se tomar certos cuidados ao tirar o mexilhão da concha. Apoie-o na mão protegida com um pano e use uma faca (própria para abrir mexilhões) como uma alavanca para abrir a concha. Mexilhões na concha podem ser cozidos da mesma maneira que os mexilhões, com pouca água, em fogo alto e panela tampada. Após 3 minutos, descarte os que não abrirem – é sinal de que não estão frescos. Combinam com espaguete ou em sopas, como a caldeirada de mexilhões. Ficam gostosos com alho, salsinha e tomate.

VOCÊ SABIA QUE...

Em geral, os mexilhões ficam enterrados na areia ou na lama. Podem ser de água doce ou de água salgada; os mexilhões de água salgada têm sabor mais acentuado, superior ao de água doce.

PRINCIPAIS NUTRIENTES ENCONTRADOS EM 100 g DE MEXILHÕES NA CONCHA

Kcalorias	74
Gordura total	0,9 g
Proteínas	12,8 g
Niacina	1,8 g
Vitamina B12	49,4 mcg
Folato	16 mcg
Potássio	314 mg
Selênio	24 mcg
Magnésio	9 mg
Zinco	1,4 mg
Cálcio	46 mg
Ferro	14 mg

Mexilhões ao molho de feijão-preto

SERVE 2 (D) (R)

900 g de mexilhões pequenos
1 colher de sopa de óleo de canola
1 colher de chá de gengibre fresco picado
1 colher de chá de alho bem picado
*1 colher de sopa de feijão-preto fermentado, enxaguado e picado**
2 colheres de chá de vinho de arroz chinês ou vinho Jerez seco
1 colher de sopa de cebolinha verde picada
1 colher de chá de sal (opcional)

Preparo

1 Lave bem os mexilhões (use uma escova para tirar bem a areia) e deixe de molho em água limpa até a hora de usar.

2 Aqueça uma frigideira wok em fogo alto por 30 segundos. Espalhe bem o óleo na frigideira e aqueça por mais 30 segundos. Adicione o alho e o gengibre e refogue até que libere o aroma. Junte o feijão-preto e cozinhe por 1 minuto.

3 Acrescente os mexilhões e o vinho e refogue em fogo alto por 2 minutos, tampe e cozinhe por mais 3 minutos. Junte a cebolinha e acerte o sal, se necessário. Sirva imediatamente.

**Feijão-preto* fermentado é usado como tempero na culinária oriental, e pode ser encontrado em lojas especializadas. Substitua por feijão-preto cozido e sem o caldo e adicione pimenta.

56 VIEIRA

Uma delícia sofisticada, as vieiras podem ajudar a aumentar a ingestão de vitamina B12 e magnésio, bons para as vias arteriais e ossos.

Vieiras são excelente fonte de vitamina B12, necessária ao organismo para desativar a homocisteína, substância química que pode causar danos às paredes dos vasos sanguíneos. Altos níveis de homocisteína estão também relacionados à osteoporose. Um estudo recente demonstrou que a osteoporose era mais frequente em mulheres com deficiência de vitamina B12 e que uma grande ingestão dessa vitamina pode ajudar na prevenção do câncer de intestino. As vieiras são ótimas fontes de magnésio, que pode auxiliar na formação dos ossos, liberação de energia, regular o sistema neurológico e manter o bom funcionamento do coração. A deficiência de magnésio pode causar arritmias cardíacas.

- Baixo teor de gordura e poucas calorias, recomendável para regimes e dietas.
- Rica em magnésio, importante para a manutenção geral do organismo.
- Boa fonte de vitamina B12, benéfica para as vias arteriais e os ossos.
- O consumo regular pode ajudar a prevenir o câncer de intestino.

Dicas práticas:
A vieira fresca tem carne branca e firme, sem manchas escuras e sem cheiro. O cozimento deve ser rápido, alguns minutos apenas, pois enrijecem quando expostas a muito calor. O sabor adocicado da vieira combina bem com pimenta, coentro, alho e salsinha.

VOCÊ SABIA QUE...

Vieiras são ricas em triptofano, um aminoácido que ajuda a produzir serotonina, estimulador do humor, e que pode auxiliar na cura da insônia.

PRINCIPAIS NUTRIENTES ENCONTRADOS EM 100 g DE VIEIRAS NA CONCHA

Kcalorias	88
Gordura total	0,8 g
Proteínas	16,8 g
Vitamina B12	1,5 g
Folato	16 mcg
Potássio	314 mg
Selênio	22 mcg
Magnésio	56 mg
Zinco	0,95 mg
Cálcio	24 mg

Macarrão com vieiras

SERVE 4 (D) (R)

115 g de macarrão de chá-verde seco
2 colheres de sopa de margarina light
1 dente de alho, espremido
1 pitada de páprica
1 colher de sopa de óleo de canola, mais a quantidade para pincelar
2 colheres de sopa de curry verde em pasta, tailandês
2 colheres de sopa de água
2 colheres de chá de molho de soja light
2 minicebolas, picadas, mais a quantidade para decorar
12 vieiras cruas, sem a concha
Sal e pimenta

Preparo

1 Cozinhe o macarrão em água fervente por 1 ½ minuto ou de acordo com as instruções da embalagem. Enxágue em água corrente fria e escorra bem.

2 Derreta a margarina em uma panela pequena. Junte o alho e refogue por 1 minuto. Misture a páprica e reserve.

3 Aqueça uma frigideira wok em fogo alto por 30 segundos. Espalhe o óleo, e aqueça por mais 30 segundos. Adicione a pasta de curry, água e molho de soja. Assim que ferver, coloque o macarrão, mexendo delicadamente. Acrescente as cebolinhas, retire do fogo e mantenha aquecido.

4 Aqueça uma grelha com sulcos em fogo alto e pincele com óleo. Coloque as vieiras e doure por no máximo 2 minutos de cada lado, pincelando com a margarina temperada com alho (cheque o ponto de cozimento fazendo um corte no centro da vieira – ela não deve ficar totalmente opaca no meio). Tempere com sal e pimenta a gosto. Divida o macarrão entre quatro pratos individuais e coloque as vieiras em cima. Decore com as cebolinhas e sirva.

57 OSTRAS

Apreciadas por suas qualidades nutricionais, as ostras são benéficas ao sistema imunológico e ricas em zinco.

Ainda não está cientificamente comprovado que as ostras são afrodisíacas, mas sabe-se que são uma das melhores fontes de zinco, mineral antioxidante fortemente associado à fertilidade e à virilidade. O zinco também é importante para a pele, a cicatrização e para o sistema imunológico. Um estudo recente mostrou que a ceramida encontrada nas ostras pode inibir o crescimento das células de câncer de mama. Contêm uma quantidade razoável de gorduras Ômega-3, são ricas em selênio – benéfico para o sistema imunológico – e contêm ferro de fácil absorção, que aumenta a energia e é bom para o sangue.

- Excelente fonte de zinco, associado à fertilidade e à virilidade.
- Contêm compostos e minerais que podem ajudar na prevenção de alguns tipos de câncer.
- Alto teor de ferro, para aumentar a energia e resistência a infecções, além de bom para o sangue.
- Boa fonte de vitaminas do complexo B.

Dicas práticas:
Ostras devem ser muito frescas e, se consumidas cruas, devem estar vivas. É mais seguro consumir ostras de cativeiro; nos últimos anos, as ostras selvagens vêm sendo contaminadas por resíduos tóxicos. Sirva com cebolinha picada, pimenta vermelha picada, suco de limão e rúcula.

VOCÊ SABIA QUE...

Diz a tradição que as ostras, quando servidas na própria concha, devem ser engolidas de uma vez só, sem mastigar. Quando cozidas, perdem alguns compostos benéficos à saúde.

PRINCIPAIS NUTRIENTES ENCONTRADOS EM 6 OSTRAS

Kcalorias	50
Gordura total	1,3 g
Proteínas	4,4 g
Vitamina B12	13,6 mcg
Folato	15 mcg
Selênio	53,5 mcg
Magnésio	28 mg
Zinco	31,8 mg
Cálcio	37 mg
Ferro	4,9 mcg

Ostras Rockefeller

RENDE 24 (D) (G) (C)

24 ostras vivas
Sal em pedra ou sal grosso
1 colher de sopa de margarina light
2 colheres de sopa de azeite de oliva suave
6 minicebolas, picadas
1 dente de alho grande, espremido
3 colheres de sopa de salsão picado bem miúdo
40 g de agrião
85 g de folhas de espinafre tenras, lavadas e sem talos
1 colher de sopa de licor de anis
4 colheres de sopa de farelo de pão ou farinha de rosca
Algumas gotas de molho de pimenta, a gosto
Pimenta
Gomos de limão para acompanhar

Preparo

1 Preaqueça o forno a 200 °C. Abra as ostras, usando uma faca plana e arredondada própria para abrir ostras. Jogue o líquido fora. Espalhe uma camada de sal grosso no fundo de uma assadeira grande o suficiente para acomodar as 24 ostras ou use duas assadeiras. Arrume as ostras sobre a camada de sal. Cubra com um pano de prato grosso e umedecido e reserve.

2 Caso não tenha pratos de ostras (com pequenas saliências para apoiar as ostras), use quatro travessas. Faça uma camada de sal em cada travessa, grossa o suficiente para apoiar as ostras. Reserve.

3 Derreta metade da margarina e o azeite em uma frigideira. Junte as cebolas, o alho e o salsão e refogue em fogo médio por 2-3 minutos, até amolecer.

4 Misture o restante da margarina e adicione o agrião e o espinafre. Cozinhe por 1 minuto, sem parar de mexer, até que as folhas murchem um pouco. Transfira para um liquidificador ou processador e bata com o licor, o farelo de pão, o molho de pimenta e a pimenta, até obter uma mistura homogênea.

5 Coloque 2-3 colheres de chá desse molho sobre cada ostra. Asse no forno preaquecido por 20 minutos. Transfira para os pratos já preparados. Sirva com os gomos de limão.

58 MARISCO

Barato e delicioso, o marisco é fonte de proteína, de vitaminas do complexo B, benéficas para o sistema nervoso, e de iodo, bom para a tireoide.

Com baixo teor de gorduras saturadas e alto teor de proteína, o marisco contém algumas gorduras Ômega-3 essenciais, uma grande variedade de vitaminas e boas quantidades de minerais. Tem baixo teor de colesterol. Uma porção de mariscos provê cerca de ⅓ da dose diária de ferro e cerca de ¾ da dose diária de selênio recomendadas para um adulto. É ótima fonte de vitaminas do complexo B, com quase 100% das necessidades diárias de vitamina B12, ¼ das necessidades de folato e uma boa quantidade de niacina. À semelhança de outros frutos do mar, o marisco é boa fonte de fluoreto, bom para os dentes, e de iodo, bom para a tireoide.

- Fonte de proteínas de boa qualidade, com poucas calorias e baixo teor de gordura.
- Contém quantidades proveitosas de gordura essencial Ômega-3.
- Rico em ferro e selênio.
- Boa fonte de vitaminas do complexo B.

Dicas práticas:
Mariscos frescos têm um odor levemente salgado, que lembra o mar – não devem ter cheiro de peixe nem de iodo. É mais seguro comer mariscos de cativeiro, pois os não cultivados podem abrigar toxinas que poluem a água do mar. Bata levemente na concha do marisco e, caso não se feche, não o utilize. Os que não abrirem após o cozimento também devem ser descartados. Combinam bem com alho, salsinha e vinho branco e podem ser usados em cozidos de peixe, sopas, paella e saladas de frutos do mar.

VOCÊ SABIA QUE...

O marisco de carne alaranjada é fêmea, enquanto o de carne mais esbranquiçada indica um macho. Ambos se equiparam no alto teor de nutrientes e são igualmente saborosos.

PRINCIPAIS NUTRIENTES ENCONTRADOS EM 100 g DE MARISCOS SEM CONCHA

Kcalorias	86
Gordura total	2,2 g
Proteínas	11,9 g
EPA	0,41 g
DHA	0,16 g
Vitamina C	8 mg
Niacina	1,6 mcg
Vitamina B12	12 mcg
Folato	42 mg
Vitamina E	0,55 mg
Selênio	44,5 mcg
Magnésio	34 mg
Potássio	320 mg
Zinco	1,6 mg
Cálcio	26 mg
Ferro	3,9 mg

Mariscos com sementes de mostarda e minicebolas

SERVE 4 (D) (C) (R)

2 kg de mariscos frescos (vivos), limpos
3 colheres de sopa de óleo de canola
½ colher de sopa de sementes de mostarda preta
8 minicebolas, picadas
2 dentes de alho, espremidos
2 colheres de sopa de vinagre destilado
4 pimentas vermelhas pequenas
1 ¾ xícaras de leite de coco light
10 folhas frescas de curry ou 1 colher de sopa de folhas de curry secas
½ colher de chá de cúrcuma
¼ - ½ colher de chá de pimenta chili ou outra pimenta vermelha em pó
Sal

Preparo

1 Descarte os mariscos com conchas quebradas ou que não fechem ao bater levemente com a ponta da faca.

2 Aqueça o óleo em uma frigideira wok ou qualquer outra frigideira funda. Toste as sementes de mostarda, mexendo bem por cerca de 1 minuto ou até que comecem a pipocar.

3 Adicione as cebolinhas e o alho e refogue por 3 minutos ou até dourar. Misture o vinagre, as pimentas inteiras, o leite de coco, as folhas de curry, a cúrcuma, a pimenta em pó e 1 pitada de sal. Mexa bem, até ferver.

4 Abaixe o fogo no mínimo. Junte os mariscos, tampe a frigideira e cozinhe por 3-4 minutos ou até que estejam todos abertos. Elimine os mariscos que não abrirem. Com uma concha, divida os mariscos entre quatro tigelas ou pratos fundos, regue com o caldo da frigideira e sirva.

59 CARANGUEJO

Rico em proteínas e com baixo teor de gorduras, contém L-tirosina, proteína que ajuda no bom desempenho cerebral, e selênio, protetor contra câncer.

Assim como os moluscos, o caranguejo contém baixo teor de gordura total e saturada e alto teor de minerais. A carne do caranguejo é boa fonte de L-tirosina, benéfica para o desempenho cerebral. Contém a mesma quantidade de proteína encontrada na carne de boi magra, portanto, é uma ótima opção para vegetarianos que comem peixes e frutos do mar. Um porção de 100 g de carne de caranguejo provê ¼ da dose diária recomendada de folato e mais da metade da dose diária recomendada de selênio, poderoso mineral anticancerígeno. O folato é uma vitamina que ajuda a prevenir defeitos de nascença e a reduzir os níveis de homocisteína, associada às doenças cardíacas.

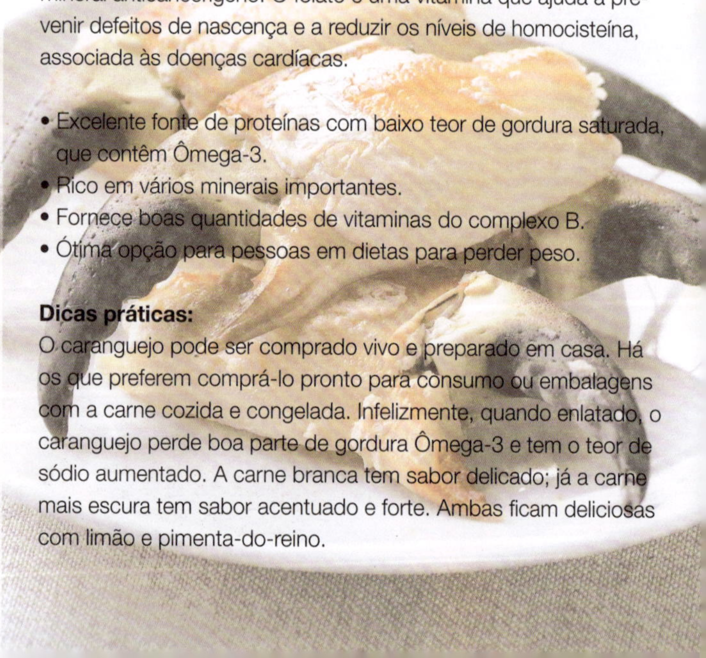

- Excelente fonte de proteínas com baixo teor de gordura saturada, que contêm Ômega-3.
- Rico em vários minerais importantes.
- Fornece boas quantidades de vitaminas do complexo B.
- Ótima opção para pessoas em dietas para perder peso.

Dicas práticas:
O caranguejo pode ser comprado vivo e preparado em casa. Há os que preferem comprá-lo pronto para consumo ou embalagens com a carne cozida e congelada. Infelizmente, quando enlatado, o caranguejo perde boa parte de gordura Ômega-3 e tem o teor de sódio aumentado. A carne branca tem sabor delicado; já a carne mais escura tem sabor acentuado e forte. Ambas ficam deliciosas com limão e pimenta-do-reino.

VOCÊ SABIA QUE...

Existem mais de 8.000 espécies de caranguejo de água doce e água salgada. O consumo anual é de 1 milhão de toneladas.

PRINCIPAIS NUTRIENTES ENCONTRADOS EM 100 g DE CARNE DE CARANGUEJO

Kcalorias	90
Gordura total	4,3 g
Proteínas	18,5 g
EPA	0,47 g
DHA	0,450 g
Vitamina C	7 mg
Niacina	2,5 mg
Vitamina B12	9 mcg
Folato	44 mcg
Selênio	34,5 mcg
Magnésio	49 mg
Potássio	173 mg
Zinco	2,8 mg
Cálcio	26 mg
Ferro	2,5 mg

Sopa picante de caranguejo

SERVE 4 (D) (C) (R)

4 xicaras de caldo de galinha
2 tomates sem casca, picados
1 pedaço de 2,5 cm de gengibre fresco, descascado e picado
1 pimenta vermelha pequena, sem sementes e bem picada
2 colheres de sopa de vinho de arroz chinês ou vinho Jerez seco
1 colher de sopa de vinagre de arroz
¾ de colher de chá de açúcar
1 colher de sopa de amido de milho
2 colheres de sopa de água
175 g de carne de caranguejo branca
Sal e pimenta
2 cebolinhas verdes, picadas, para enfeitar

Preparo

1 Em uma panela de fundo grosso, coloque o caldo, tomates, gengibre, pimenta, vinho e vinagre de arroz e açúcar. Quando ferver, diminua o fogo, tampe e cozinhe por 10 minutos.
2 Misture o amido de milho e a água até dissolver bem. Cozinhe por mais 2 minutos na panela da sopa, sem parar de mexer ou até engrossar.
3 Acrescente a carne de caranguejo, mexendo com cuidado. Deixe no fogo mais 2 minutos. Tempere com sal e pimenta a gosto. Transfira para tigelas ou pratos fundos individuais aquecidos, decore com as cebolinhas e sirva.

60 LAGOSTIM

Rico em vitamina E e com baixo teor de sódio, o lagostim é benéfico para o coração e excelente para a pele.

O lagostim é um crustáceo de água doce – encontrado fresco em algumas peixarias ou congelado, só a cauda, em supermercados. Tem cor rosa forte, sabor adocicado e pode substituir o camarão em algumas receitas. Possui teor de sódio e colesterol mais baixo do que o camarão e, como outros moluscos e crustáceos, contém uma rica combinação de minerais. É uma boa fonte de vitamina E, antioxidante associado à prevenção de doenças cardiovasculares e alguns tipos de câncer e que pode ajudar a reduzir a dor provocada pela artrite.

- Baixo teor de calorias e gorduras saturadas.
- Fonte excelente de vitamina E, benéfica para a saúde.
- Rico em vários minerais importantes.
- Teor razoavelmente baixo de sódio e colesterol.

Dicas práticas:
Lagostins não cozidos ou preparados devem ser comprados vivos. Cozinhe em água fervente por 8-15 minutos, dependendo do tamanho. Lagostim cozido, resfriado ou congelado, deve ser consumido na temperatura ambiente ou refogado, apenas o tempo suficiente para aquecer. Quando cozido demais, endurece. Para servir a cauda de lagostim cozida, esprema algumas gotas de limão e salpique pimenta-do-reino, decore o prato com folha de rúcula e torradas de pão integral. Sua casca pode ser aproveitada como base para caldos de peixe e frutos do mar.

VOCÊ SABIA QUE...

O lagostim ou pitu é parente próximo da lagosta – tem o mesmo sabor adocicado e perfil nutricional semelhante.

PRINCIPAIS NUTRIENTES ENCONTRADOS EM 100 g DE CAUDAS DE LAGOSTIM

Kcalorias	77
Gordura total	1 g
Proteínas	16 g
Niacina	2,2 mg
Vitamina B12	2 mcg
Folato	37 mcg
Vitamina E	2,8 mg
Selênio	31,5 mcg
Magnésio	27 mg
Potássio	302 mg
Zinco	1,3 mg
Cálcio	27 mg
Ferro	0,8 mg

Lagostim com molho de tomate cremoso

SERVE 4 (D) (G) (C) (R)

1 colher de sopa de margarina light
1 colher de sopa de azeite de oliva
2 minicebolas, bem picadas
4 tomates, sem casca, picados
2 colheres de sopa de extrato de tomate
1 pitada de orégano seco
1 pitada de açúcar (opcional)
450 g de caudas de lagostim, sem a casca
3 colheres de sopa de creme de leite light
Sal e pimenta

Para acompanhar

Arroz selvagem cozido (pode substituir por arroz integral)
1 punhado de rúcula
Gomos de limão

Preparo

1 Derreta a margarina e o óleo. Junte as cebolas e refogue por 5 minutos, mexendo de vez em quando, até amolecer. Misture os tomates, o extrato e o orégano, tampe e cozinhe por 10-15 minutos, até o tomate desmanchar um pouco. Adicione o açúcar, caso o molho esteja muito ácido. Tempere com sal e pimenta a gosto.

2 Misture as caudas de lagostim, mexa e deixe no fogo por 2-3 minutos. Misture o creme. Disponha em uma travessa, espalhe o molho de lagostim por cima, enfeite com as folhas de rúcula e os gomos de limão.

61 LAGOSTA

A carne da lagosta, de baixo teor de gordura, é excelente fonte de minerais, incluindo o zinco, potássio, selênio e cálcio.

A lagosta é, geralmente, considerada uma extravagância ocasional e não um alimento a ser incluído no cardápio do dia a dia. Apesar dessa identificação com o luxo, é uma iguaria muito saudável. À semelhança dos lagostins e caranguejos, a lagosta é rica em minerais, tais como o zinco, o potássio e o selênio. É mais rica em cálcio do que outros crustáceos e uma porção média provê um décimo da dose diária recomendada. O cálcio pode ajudar a prevenir a osteoporose e é importante para o coração e para a função muscular. A lagosta é ótima fonte de vitamina E, que atua como um antioxidante e ajuda a manter o bom funcionamento das vias arteriais.

- Uma porção média de lagosta provê a dose diária de selênio.
- Muito rica em zinco, o mineral antioxidante que aumenta a imunidade, protege a pele e é importante para a fertilidade.
- Alto teor de ácido pantotênico, vitamina do complexo B essencial para a conversão do alimento em energia.

Dicas práticas:
Como sua carne é altamente perecível depois de abatida, em geral é comercializada viva. Devem ser congeladas por 1 hora e aferventadas por 15 minutos, dependendo do tamanho. Processadas e congeladas, podem ser encontradas em muitos supermercados. A pata da lagosta, quando grande, contém bastante carne – não elimine patas grandes; quebre-as para remover a carne. Depois de cozida, pode ser simplesmente servida em saladas, com suco de limão.

VOCÊ SABIA QUE...

A lagosta pode viver até mais de 50 anos, se não for criada em cativeiro. Tem coloração azulada, escura. Só depois de cozidas é que adquirem a tão conhecida tonalidade rosa.

PRINCIPAIS NUTRIENTES ENCONTRADOS EM UMA LAGOSTA PEQUENA

Kcalorias	135
Gordura total	1,35 g
Proteínas	28 g
Niacina	2 mg
Vitamina B12	1,4 mcg
Acido Pantotênico	2,4 mg
Vitamina E	2,2 mg
Selênio	62 mcg
Magnésio	41 mg
Potássio	413 mg
Zinco	4,5 g
Cálcio	72 mg
Ferro	0,45 mg

Maionese de lagosta, ervas e açafrão

SERVE 4 (C) (R)

750-800 g de carne de lagosta cozida, cortada em cubos
1 abacate grande, sem a casca e sem o caroço, cortado em cubos
4 tomates maduros firmes
250 g de folhas verdes para salada, variadas
1-2 colheres de sopa de azeite de oliva
1 pouco de suco de limão
Sal e pimenta

Maionese de açafrão

1 pitada de açafrão em pó ou em estigmas
1 ovo
1 colher do chá de maionese Dijon
1 colher de sopa de vinagre de vinho branco
1 pitada de sal
1 ¼ xícaras de óleo de canola

Preparo

1 Para a maionese, coloque o açafrão de molho em um pouco de água morna. Bata o ovo, a mostarda, o vinagre e o sal no liquidificador até ficar homogêneo. Com o liquidificador ligado, coloque ⅓ do óleo de canola, lentamente (fazendo um fio). Quando começar a engrossar, adicione o restante do óleo, e continue batendo até incorporar bem. Junte o açafrão e bata até misturar. Tempere com sal e pimenta a gosto, e guarde na geladeira até a hora de usar.

2 Coloque a carne da lagosta e o abacate em uma tigela. Corte o tomate em quatro e remova as sementes. Pique os quartos de tomate em cubos e junte ao abacate e à lagosta. Tempere tudo com sal e pimenta. Adicione a maionese e misture bem, envolvendo todos os ingredientes com o molho de maionese.

3 Misture as folhas verdes com o azeite e o suco de limão. Divida entre quatro pratos e cubra com a maionese de lagosta. Sirva.

4

GRÃOS E FEIJÕES

Os grãos e feijões são a melhor fonte que existe de fibras e de carboidratos geradores de energia. A grande variedade de sabores e texturas possibilita que sejam usados como acompanhamentos, como base para patês e pastas ou para enriquecer molhos e sopas.

(V) recomendado para vegetarianos

(D) ideal para quem está de dieta ou regime

(G) recomendado para grávidas

(C) recomendado para crianças com mais de 5 anos

(R) rápido para preparar e cozinhar

62

ARROZ INTEGRAL

Suas fibras podem ajudar a baixar os níveis de colesterol e a manter estáveis os níveis de açúcar do sangue.

Enquanto o arroz branco contém poucos nutrientes além do amido, o arroz integral possui muitas propriedades nutricionais. O consumo regular de arroz integral e de outros grãos pode ajudar a prevenir doenças cardíacas, diabetes e alguns tipos de câncer. É boa fonte de fibras, o que pode ajudar a reduzir os níveis de colesterol no sangue e a equilibrar os níveis de açúcar. Contém proteína e é boa fonte de várias vitaminas do complexo B e de minerais, principalmente selênio e magnésio.

- Um dos alimentos menos causadores de alergia.
- Com índice glicêmico relativamente baixo, pode ajudar a controlar os níveis de açúcar no sangue, útil para diabéticos.
- Teor de vitamina B útil para ajudar a converter alimento em energia e a manter o bom funcionamento do sistema nervoso.
- Altos teores de selênio, o que pode ajudar a prevenir alguns tipos de câncer, e de magnésio, bom para o coração.

Dicas práticas:
Guarde em armário pouco iluminado e fresco. Use em, no máximo, alguns meses. Arroz integral tende a ser mais perecível que o arroz branco, pois contém pequenas quantidades de gordura que ficam rançosas com o tempo. Quanto maior o tempo de armazenagem, mais longo será o tempo do cozimento. Sobras de arroz podem ser guardadas na geladeira por até 2 dias, se for refrigerado logo depois do uso. Aqueça antes de servir novamente.

VOCÊ SABIA QUE...

Noventa por cento de todo o arroz do mundo é cultivado e consumido na Ásia; há mais de 6.000 anos o arroz é presença garantida na mesa dos asiáticos.

PRINCIPAIS NUTRIENTES ENCONTRADOS EM 60 g DE ARROZ INTEGRAL CRU

Kcalorias	222
Gordura total	1,8 g
Proteínas	5 g
Carboidratos	46 g
Fibras	3,6 g
Niacina	3 mg
Vitamina B1	0,2 mg
Vitamina B6	0,3 mg
Selênio	19,6 mcg
Magnésio	86 mg
Ferro	0,8 mg
Zinco	1,3 g
Cálcio	20 mg

Pilaf de arroz integral

SERVE 4 (V) (D) (G) (C) (R)

4 colheres de sopa de óleo de canola
1 cebola roxa, bem picada
2 talos de salsão tenros, com as folhas, picados bem miúdo
2 cenouras sem casca e raladas no ralo grosso
1 pimenta chili verde, sem sementes e picada (ou outra pimenta verde fresca de sua preferência)
3 minicebolas verdes, bem picadas
¼ de xícara de amêndoas fatiadas
1 ¾ xícaras de arroz integral cozido
¾ de xícara de lentilhas vermelhas cozidas
¾ de xícara de caldo de legumes
5 colheres de sopa de suco de laranja natural
Sal e pimenta
Folhas de salsão frescas, para decorar

Preparo

1 Aqueça 2 colheres de sopa de óleo em uma frigideira alta com tampa. Adicione a cebola e refogue por 5 minutos, até amolecer.

2 Junte o salsão, as cenouras, a pimenta, as minicebolas e as amêndoas. Refogue por 2 minutos, ou até ficarem macios, porém firmes e sem perder a cor. Transfira para uma tigela e reserve.

3 Coloque o restante do óleo na frigideira. Junte o arroz e as lentilhas e refogue por 1-2 minutos, mexendo bem. Abaixe o fogo e adicione o caldo e o suco de laranja. Tempere com sal e pimenta a gosto.

4 Ponha os legumes de volta na frigideira. Misture tudo muito bem e aqueça por alguns minutos. Transfira para uma travessa aquecida, decore com as folhas de salsão e sirva.

63 GRÃO-DE-BICO

Também chamado garbanzo, é fonte barata e excelente de proteínas. É rico em fibras, substâncias químicas protetoras e vitamina E.

O grão-de-bico é um alimento proteico delicioso para vegetarianos e uma ótima fonte de fibras. Contém uma fibra insolúvel, que adere ao colesterol e o remove do corpo, além de ajudar a prevenir constipação, distúrbios digestivos e diverticulose. Também ajuda a controlar e baixar o colesterol e a prevenir derrames e doenças cardíacas. Tem alto teor de folato, o que ajuda a baixar os níveis de homocisteína (fator de risco para doenças cardiovasculares). É rico em magnésio, que ajuda a distender as artérias e protege contra ataques cardíacos.

- Teor muito alto de folato e magnésio.
- Boa fonte de minerais, tais como ferro, zinco e cálcio.
- Alto teor de potássio que ajuda a equilibrar os fluidos corporais e previne contra retenção de líquidos.
- Rico em substâncias químicas vegetais que ajudam a combater doenças cardíacas e câncer.

Dicas práticas:
Deve ser deixado de molho por várias horas e cozido por pelo menos 1 ½ horas. Os enlatados são excelentes e conservam os nutrientes importantes. É ingrediente principal de um patê típico da culinária do Oriente Médio, o *homus*. Pode substituir carnes e aves em sopas, cozidos e ensopados.

VOCÊ SABIA QUE...

Pode-se fazer farinha com o grão-de-bico cozido. Essa farinha é muito usada na culinária da Índia e do Oriente Médio. Pode substituir a farinha de trigo em muitas receitas de bolos, panquecas, empanados, pães e sopas.

PRINCIPAIS NUTRIENTES ENCONTRADOS EM 60 g DE GRÃO-DE-BICO SECO

Kcalorias	218
Gordura total	3,5 g
Proteínas	12 g
Carboidratos	37 g
Fibras	10,3 g
Folatos	232 mcg
Magnésio	65 mg
Potássio	393 mg
Zinco	2 g
Cálcio	66 mg
Ferro	3,9 mg

Sopa de grão-de-bico

SERVE 6 (V) (D) (G) (C)

2 ¼ xícaras de grão-de-bico seco, deixado de molho em água fria durante a noite
2 colheres de sopa de azeite de oliva
1 cebola, bem picada
2 dentes de alho, bem picados
450 g de acelga, cortada em tiras
2 raminhos de alecrim fresco
400 g de tomates pelados em lata picados
Sal e pimenta
Torradas, para acompanhar

Preparo

1 Escorra o grão-de-bico e coloque em uma panela funda. Cubra com água e cozinhe até ferver, retirando a espuma que se forma na superfície com uma escumadeira. Abaixe o fogo e deixe cozinhar por 1 – 1 ¼ horas, até ficar macio, completando a água, se necessário.

2 Escorra o grão-de-bico e reserve a água do cozimento. Tempere os grãos com sal e pimenta. Bata ⅔ dos grãos e um pouco da água do cozimento no liquidificador ou processador. Vá adicionando água até adquirir consistência de sopa. Devolva à panela.

3 Aqueça o óleo em uma panela média. Adicione o alho e a cebola e refogue por 3-4 minutos. Junte a acelga e o alecrim e depois de 3-4 minutos acrescente os tomates e o terço restante do grão-de-bico. Cozinhe por mais 5 minutos ou até que os tomates desmanchem. Retire o alecrim.

4 Misture tudo ao grão-de-bico batido e aqueça por 2-3 minutos. Acerte o tempero, se necessário. Divida entre tigelas ou pratos fundos aquecidos e sirva acompanhado de torradas.

64 FEIJÃO-PRETO

O feijão-preto é um item bom e barato para o cardápio do dia a dia. É rico em nutrientes e fibras que reduzem o colesterol, e contém baixo teor de gorduras e saturados.

O feijão-preto é um complemento delicioso para dietas variadas. Quanto ao aspecto nutricional, tem alto teor de fibras insolúveis que ajudam a reduzir o colesterol. Excelente opção para quem corre o risco de desenvolver ou adquirir doenças cardíacas devido ao teor extremamente alto de magnésio – sua ingestão adequada está associada à redução do risco de vários problemas cardíacos. É rico em compostos antioxidantes chamados antocianinas, flavonoides que podem ajudar a prevenir câncer e coágulos sanguíneos. Quanto mais escura a casca do grão, maior a atividade antioxidante. O feijão-preto é excelente fonte de minerais e folato.

- Alimento altamente fibroso, o que pode ajudar a combater alguns tipos de câncer e reduzir o colesterol.
- Rico em antocianinas, que bloqueiam as células cancerosas.
- Contém folato, benéfico para o sangue e o crescimento.
- Fonte muito boa de proteína vegetal.

Dicas práticas:
Compre seco, para armazenar por muito tempo, ou o enlatado, já cozido. Se usar feijão-preto enlatado, conservado em salmoura, enxágue bem os grãos antes de usar. Deixar de molho ajuda a reduzir o teor de oligossacarídeos de rafinose, um açúcar associado à flatulência. Pode ser usado em várias receitas, em sopas e ensopados, acompanhando arroz branco cozido ou até mesmo como recheio de crepes.

VOCÊ SABIA QUE...

O feijão-preto é nativo da América do Sul. Popularizou-se na Europa, África, Ásia e Estados Unidos a partir do século XV, quando colonizadores espanhóis o levaram para o continente europeu.

PRINCIPAIS NUTRIENTES ENCONTRADOS EM 60 g DE FEIJÃO-PRETO SECO

Kcalorias	205
Gordura total	0,8 g
Proteínas	13,7 g
Carboidratos	36,7 g
Fibras	13,5 g
Folatos	231 mcg
Vitamina B	0,4 mg
Magnésio	109 mg
Potássio	550 mg
Zinco	1,7 g
Cálcio	42 mg

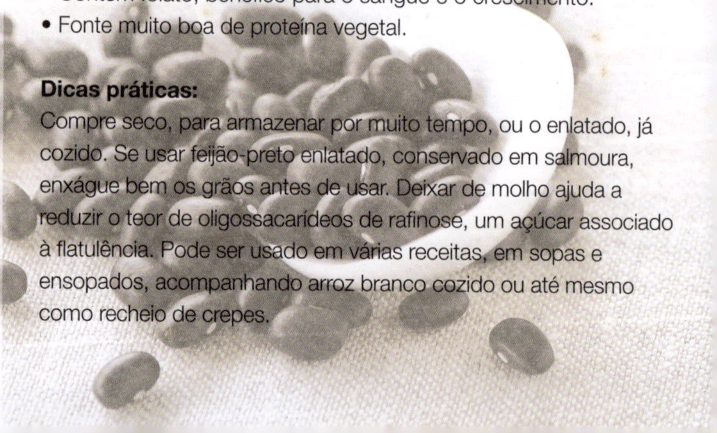

Molho de feijão-preto

RENDE CERCA DE
⅔ DE XÍCARA

(V) (D) (C) (R)

- *1 colher de sopa de óleo de amendoim*
- *2 colheres de sopa de feijão-preto fermentado, picado*
- *1 dente de alho picado*
- *1 colher de sopa de gengibre fresco ralado*
- *1 minicebola, picada*
- *2 cebolinhas verdes picadas*
- *2 pimentas chili verdes, sem sementes e picadas (ou outra pimenta verde de sua preferência)*
- *1 colher de sopa de molho de soja light*
- *1 colher de sopa de suco de limão natural, peneirado*
- *⅔ de xícara de caldo de legumes*
- *1-2 colheres de chá de açúcar refinado, ou a gosto*
- *Sal e pimenta*

Preparo

1 Aqueça uma frigideira wok por 30 segundos. Espalhe o óleo e aqueça por mais 30 segundos. Adicione os feijões, o alho, o gengibre, a minicebola e refogue por 2 minutos.

2 Acrescente as cebolinhas verdes e a pimenta e refogue por mais 3 minutos. Misture o molho de soja e o suco de limão e cozinhe por 2 minutos. Junte o caldo, tempere com sal, pimenta e açúcar a gosto e cozinhe por mais 2 minutos. Transfira para uma tigela e sirva como acompanhamento, quando for pedido.

65 FEIJÃO-BRANCO

O feijão-branco é altamente proteico e com teor também muito alto de fibras, minerais e vitaminas do complexo B.

O feijão-branco é um alimento bastante fibroso. As fibras solúveis ajudam a baixar o colesterol e a evitar que os níveis de açúcar no sangue subam rapidamente após uma refeição, portanto, é recomendado para quem quer perder peso e também para diabetes, resistência à insulina e hipoglicemia. Também ajudam a prevenir a constipação e a reduzir a gravidade e os sintomas de distúrbios digestivos, como a síndrome do intestino irritável e diverticulose. É boa fonte de proteínas e uma das melhores fontes de cálcio. Uma porção provê 1/7 da dose recomendada para um dia. É muito rico em magnésio, potássio, ferro, zinco e ótima fonte de vitaminas do complexo B e folato.

- Rico em fibras solúveis, que ajudam a baixar o colesterol e a prevenir doenças cardiovasculares.
- Contém fibras insolúveis, benéficas para o sistema digestivo e para o funcionamento do intestino.
- Fonte de cálcio, útil para o coração e fortalecimento dos ossos.
- Rico em minerais antioxidantes, tais como o zinco, que ajuda na prevenção de doenças.

Dicas práticas:
Deixe de molho por uma noite, troque a água e ferva em fogo alto por 10 minutos; abaixe o fogo e cozinhe por 1 ½ hora, até ficar macio. Não salgue antes de estarem cozidos, pois o sal faz com que fiquem mais firmes. Cozinhe-os e faça um purê, temperando com azeite de oliva, sal e pimenta, como alternativa ao purê de batatas.

VOCÊ SABIA QUE...

No começo do século XX, o feijão-branco recebeu o nome "navy beans" porque era o principal alimento oferecido aos soldados da Marinha dos Estados Unidos.

PRINCIPAIS NUTRIENTES ENCONTRADOS EM 60 g DE FEIJÃO-BRANCO

Kcalorias	200
Gordura total	12 g
Proteínas	0,9 g
Carboidratos	37,8 g
Fibras	15 g
Folatos	203 mcg
Vitamina B1	0,35 mga
Niacina	0,95 mg
Magnésio	77 mg
Potássio	564 mg
Zinco	1,5 g
Cálcio	100 mg
Ferro	3,4 mg

Salada de feijão-branco e vagem

SERVE 4 (V) (D) (G) (C) (R)

½ xícara de feijão-branco, deixados de molho

225 g de vagem, com as pontas cortadas

¼ de 1 cebola roxa, em fatias bem finas

12 azeitonas pretas, sem caroço

1 colher de sopa de cebolinha verde picada

Molho

½ colher de sopa de suco de limão

½ colher de chá de mostarda Dijon

6 colheres de sopa de azeite de oliva

Sal e pimenta

Preparo

1 Escorra o feijão e ferva em fogo alto por 15 minutos. Abaixe o fogo e cozinhe por 30 minutos ou até ficar macio, mas sem desmanchar. Salgue nos últimos 5 minutos do cozimento. Escorra e reserve.

2 Cozinhe as vagens em água fervente por 4 minutos ou até ficarem macias, mas ainda viçosas e crocantes. Escorra e reserve.

3 Com um batedor manual, misture o suco de limão, a mostarda, o azeite, o sal e a pimenta, a gosto.

4 Com o feijão e a vagem ainda quentes, arrume-os em uma travessa ou em pratos individuais. Espalhe as fatias de cebola, as azeitonas e as cebolinhas por cima.

5 Bata o molho novamente e despeje sobre a salada. Sirva na temperatura ambiente.

66 FEIJÃO-ROXO

Tem alto teor de ferro, é excelente fonte de proteínas de alta qualidade, zinco e fibras e contém compostos que ajudam a prevenir coágulos sanguíneos.

Por ter alto teor de minerais e proteínas de alta qualidade, o feijão-roxo tem valor inestimável para vegetarianos. Uma porção média contém pelo menos ¼ da dose diária de ferro necessária para ajudar a prevenir anemia e a aumentar os níveis de energia; o zinco ajuda a melhorar o sistema imunológico e a manter a fertilidade. Seu alto teor de fibras insolúveis auxilia na prevenção do câncer de intestino; já para os diabéticos e pessoas com resistência à insulina, o teor total de fibras ajuda a regular o nível de açúcar no sangue.

- Excelente fonte de proteína, ferro e cálcio para vegetarianos.
- Teor de fibra muito alto ajuda a regular a liberação de insulina e a saciar a fome – boa opção para quem faz regime alimentar.
- Protege contra câncer de intestino.
- Teor elevado de potássio, que pode diminuir a retenção de líquidos e auxiliar no controle da pressão alta.

Dicas práticas:
A diferença nutricional entre o feijão-roxo seco cozido e o feijão-roxo enlatado é pequena; portanto, caso não tenha muito tempo disponível, use o enlatado. O feijão-roxo é usado com frequência em pratos de carne, como o de pimenta chili com carne e em saladas de feijão (misturado a feijões de outros tipos e cores); amassado com azeite de oliva e suco de limão, pode ser usado como recheio de sanduíches ou patês.

VOCÊ SABIA QUE...

O feijão-roxo cru pode conter altos níveis de substâncias potencialmente tóxicas que provocam dores de estômago, vomito e diarreia. Para eliminar esse risco, coloque os feijões em água fervente e ferva em fogo bem alto por 10 minutos antes de cozinhar.

PRINCIPAIS NUTRIENTES ENCONTRADOS EM 60 g DE FEIJÃO-ROXO SECO

Kcalorias	200
Gordura total	0,8 g
Proteínas	13,7 g
Carboidratos	36 g
Fibras	10 g
Folatos	205 mcg
Vitamina B1	0,25 mg
Niacina	0,9 mg
Magnésio	66 mg
Potássio	640 mg
Zinco	1,6 g
Cálcio	55 mg
Ferro	3,5 mg

Chili de feijão-roxo e cogumelos

SERVE 6 (V) (D) (G) (C)

4 colheres de sopa de azeite de oliva
225 g de cogumelos frescos
1 cebola grande, picada
1 dente de alho, picado
1 colher de chá de cada especiaria: páprica, semente de coentro moída, cominho moído
¼ - ½ colher de chá de pimenta em pó
400 g de tomate em lata picado ou pelado (pique antes de usar)
⅔ de xícara de caldo de legumes
1 colher de sopa de extrato de tomate
400 g de feijão-roxo enlatado, sem o caldo e enxaguado
Sal e pimenta
2 colheres de sopa de coentro fresco picado para enfeitar
Arroz cozido e creme azedo desnatado, para acompanhar

Preparo

1 Aqueça uma colher de sopa de azeite de oliva em uma frigideira grande. Refogue os cogumelos até dourar. Retire com um escumadeira e reserve.

2 Coloque o restante do óleo na frigideira e refogue a cebola, alho e pimentão verde por 5 minutos. Misture a páprica, sementes de coentro, cominho e pimenta vermelha em pó. Cozinhe por mais 1 minuto.

3 Adicione os tomates, o caldo e o extrato de tomate, misture bem, tampe e cozinhe por 20 minutos.

4 Junte os cogumelos e os feijões e cozinhe por mais 20 minutos com a panela tampada. Tempere com sal e pimenta a gosto. Enfeite com o coentro fresco e sirva acompanhado do arroz cozido e creme azedo.

67 LENTILHA

As lentilhas secas são um dos grãos mais ricos em isoflavonas e lignanas, fibras bloqueadoras de câncer, e têm baixo teor de gorduras e saturados.

Lentilhas são encontradas nas mais variadas cores, por exemplo verde, marrom e vermelha. A verde e a marrom contêm mais nutrientes e fibras. São fontes muito ricas de fibras, tanto solúveis quanto insolúveis, o que ajuda a prevenir o câncer e doenças cardiovasculares. Contêm substâncias químicas chamadas isoflavonas (que podem auxiliar na prevenção de câncer e de doenças cardíacas coronarianas) e lignanas (que têm ação semelhante ao estrogênio, ajudando a diminuir o risco de câncer, a minimizar a TPM e a prevenir osteoporose). As lentilhas são ricas em vitaminas do complexo B, folato e todos os principais minerais, especialmente o ferro e o zinco.

- Rica em fibras, que auxiliam na prevenção de doenças cardiovasculares e câncer.
- Alto teor de ferro, benéfico para o sangue e energia.
- Contém substâncias químicas que auxiliam na tensão pré-menstrual e melhoram a saúde dos ossos.
- Alto teor de zinco que melhora o sistema imunológico.

Dicas práticas:
A lentilha é um dos poucos tipos de feijão que não precisa ficar de molho antes do cozimento. Cozinham rápido, cobertas com água, por 30 minutos, em geral. Para fazer uma sopa rápida, cozinhe lentilhas secas no caldo com cenoura, salsão e cebola. A lentilha enlatada e a lentilha seca contêm a mesma quantidade de nutrientes.

VOCÊ SABIA QUE...

A lentilha é considerada um dos primeiros alimentos a serem cultivados; sementes de 8.000 anos atrás foram encontradas em algumas regiões do Oriente Médio.

PRINCIPAIS NUTRIENTES ENCONTRADOS EM 60 g DE LENTILHAS MARRONS OU VERDES SECAS

Kcalorias	212
Gordura total	0,6 g
Proteínas	15,5 g
Carboidratos	36 g
Fibras	18 g
Folatos	287 mcg
Vitamina B1	0,5 mg
Niacina	1,6 mg
Vitamina B6	0,3 mg
Magnésio	73 mg
Potássio	573 mg
Zinco	2,9 g
Cálcio	34 mg
Ferro	4,5 mg

Mix de lentilha com tempero de cinco ervas

SERVE 4 (V) (D) (G) (C) (R)

¾ de xícara de lentilhas vermelhas
*¾ de xícara de feijão Mungo seco**
3 ½ xícaras de água quente
1 colher de chá de cúrcuma em pó
1 colher de chá de sal ou a gosto
1 colher de sopa de suco de limão
2 colheres de sopa de azeite de oliva
¼ de colher de chá de semente de mostarda preta
¼ de colher de chá de semente de cominho
¼ de colher de chá de semente de erva-doce
*4 -5 sementes de feno-grego***
2 -3 pimentas vermelhas secas
1 tomate pequeno, sem sementes e cortado em tiras e raminhos de coentro fresco, para decorar
Pão Nan indiano ou qualquer outro pão achatado, para acompanhar

Preparo

1 Misture o feijão Mungo e a lentilha e lave em água corrente até que a água saia limpa. Coloque em uma panela com a água quente, até começar a ferver. Abaixe o fogo e deixe ferver por 5-6 minutos. Junte a cúrcuma, tampe e cozinhe por 20 minutos. Acrescente sal e suco de limão. Bata as lentilhas com um batedor manual, acrescentando mais água se ficar muito grosso.

2 Aqueça o óleo em fogo baixo. Quando estiver quente, mas não soltando fumaça, adicione as sementes de mostarda. Quando começar a pipocar, diminua o fogo e acrescente as outras sementes e as pimentas secas. Deixe no fogo até que as sementes comecem a pipocar e as pimentas escureçam.

3 Despeje o conteúdo da panela sobre a lentilha, raspando bem. Transfira para uma travessa e enfeite com as tiras de tomate e o coentro fresco. Sirva com o pão.

* Nativo da Ásia, quando seco tem tonalidade esverdeada; o broto de feijão moyashi, da culinária japonesa, é feito a partir do feijão Mungo.

** Especiaria também chamada trigonela comumente usada na culinária indiana, em chutneys e pasta de curry.

68 ERVILHA PARTIDA

A ervilha partida, amarela ou verde, é muito rica em fibras solúveis que ajudam a diminuir o colesterol. É fonte de daidzeína, que ajuda a prevenir o câncer de mama.

Assim como outros legumes, a ervilha partida seca é rica em fibras solúveis, que formam no trato digestivo uma substância gelatinosa que se aglutina ao colesterol da bile, eliminando-o do corpo. A ervilha partida também contém uma isoflavona chamada daidzeína, que age como estrogênio fraco. O consumo dessa isoflavona está relacionado à redução do risco de determinados problemas de saúde, tais como câncer de mama e de próstata. É especialmente rica em potássio, que pode ajudar a baixar a pressão arterial e controlar a retenção de líquidos, além de ajudar a limitar o crescimento de placas potencialmente danosas nos vasos arteriais.

- Rica em fibras solúveis que ajudam a baixar o colesterol "ruim".
- Fonte de daidzeína, que pode ajudar a reduzir alguns tipos de câncer associados a hormônios.
- Teor muito alto de potássio, benéfico para o coração.
- Excelente fonte de proteína vegetal.

Dicas práticas:
Como a lentilha, não precisa ficar de molho antes do cozimento e pode simplesmente ser cozida em água fervente por 30 minutos. Quando cozida, pode ser preparada na forma de purê e servida como alternativa saudável às batatas. Pode ainda ser preparada com azeite e temperos para fazer um patê.

VOCÊ SABIA QUE...

A ervilha verde partida nada mais é que a ervilha fresca, colocada para secar dentro da vagem – as duas metades se separam naturalmente durante o processo. Originalmente, era esse o jeito de consumi-la. A ervilha fresca passou a ser usada só a partir da Idade Média.

PRINCIPAIS NUTRIENTES ENCONTRADOS EM 60 g DE ERVILHA PARTIDA SECA

Kcalorias	205
Gordura total	0,7 g
Proteínas	14,5 g
Carboidratos	36 g
Fibras	15 g
Folatos	164 mcg
Vitamina B1	0,4 mg
Niacina	1,7 mg
Magnésio	69 mg
Potássio	589 mg
Zinco	1,8 g
Cálcio	33 mg
Ferro	2,6 mg
Betacaroteno	53 mcg

Sopa de ervilha partida com presunto

SERVE 6–8 (D) (G) (C)

2 ½ xícaras de ervilhas partidas verdes
1 colher de sopa de azeite de oliva
1 cebola grande, bem picada
1 cenoura grande, sem casca e bem picada
1 talo de salsão picado
4 xícaras de caldo de legumes ou de galinha
4 xícaras de água
225 g de presunto magro, cortado em cubinhos
¼ de colher de chá de tomilho seco
¼ de colher de chá de manjerona
1 folha de louro
Sal e pimenta

Preparo

1 Enxágue as ervilhas em água corrente fria. Coloque em uma panela e cubra com água. Ferva por 3 minutos, retirando a espuma que se forma na superfície com uma escumadeira. Escorra e reserve.

2 Aqueça o azeite em uma panela. Junte a cebola e refogue por 3-4 minutos ou até amolecer.

3 Adicione a cenoura e o salsão e cozinhe por 2 minutos. Junte as ervilhas, cubra com o caldo e a água e mexa bem. Quando começar a ferver, acrescente o presunto.

4 Adicione o tomilho, a manjerona e o louro. Diminua o fogo, tampe e cozinhe por 1 – 1 ½ horas, até amolecer. Elimine o louro. Ajuste os temperos, se for necessário. Com uma concha, transfira para tigelas ou pratos fundos individuais e sirva imediatamente.

69

CEVADA INTEGRAL

Seu grão substancioso e nutritivo contém fibras solúveis que ajudam a baixar o colesterol "ruim" e a prevenir doenças cancerígenas hormonais e doenças cardíacas.

A cevada integral é um grão de sabor acentuado, semelhante ao das nozes e de textura fibrosa. A variedade mais vendida é a cevada pérola, que, ao ser processada, perde quase todos os nutrientes e fibras. Procure pela cevada integral que, por sofrer um mínimo de processamento, não tem essa perda e é boa fonte de nutrientes. Tem alto teor de fibras, inclusive fibras solúveis, e um composto fibroso chamado lignana, que pode auxiliar na prevenção de doenças cardíacas e cancerígenas hormonais (como câncer de mama). Não é comum em grãos, mas contém luteína e zeaxantina, benéficas para os olhos e a visão.

- Grão integral que ajuda na prevenção de doenças cardíacas e cancerígenas.
- Boa fonte de minerais e vitaminas do complexo B.
- Alto teor de fibras, que ajudam a manter o bom funcionamento dos intestinos e de fibras solúveis que ajudam a baixar o colesterol.
- Ajuda a manter a saúde dos olhos.

Dicas práticas:
A cevada integral deve ser deixada de molho horas antes de ser usada, para diminuir o tempo de cozimento, estimado em 2 horas. Pode ser usada em sopas e ensopados para aumentar a ingestão de nutrientes e fibras. Se mantida em local fresco, seco e não muito iluminado, em um recipiente com tampa hermética, pode ser armazenada por 2-3 meses; se mantida em local quente e iluminado, pode ficar rançosa em pouco tempo, devido ao teor de gorduras.

VOCÊ SABIA QUE...

Há muito tempo, a água de cevada (resultado da infusão dos grãos) é tida como bebida medicinal, devido às suas propriedades diuréticas, ajudando a manter o bom funcionamento dos rins.

PRINCIPAIS NUTRIENTES ENCONTRADOS EM 60 g DE CEVADA INTEGRAL

Kcalorias	212
Gordura total	1,4 g
Proteínas	7,5 g
Carboidratos	44 g
Fibras	10,4 g
Vitamina B1	0,4 mg
Niacina	2,8 mg
Selênio	22,5 mcg
Magnésio	80 mg
Potássio	271 mg
Zinco	1,7 g
Cálcio	20 mg
Ferro	2,2 mg
Luteína/Zeaxantina	96 mcg

Sopa de cevada e legumes

SERVE 4–6 (V) (D) (G) (C)

2 colheres de sopa de óleo de canola
1 cebola, bem picada
1 talo de salsão bem picado
1 dente de alho, espremido
6 xícaras de caldo de legumes ou de água
⅓ de xícara de cevada integral, lavada
1 bouquet garni, com 1 folha de louro, galhinhos de tomilho e raminhos de salsinha
2 cenouras sem casca, cortadas em cubinhos
400 g de tomates enlatados em cubos (ou tomate pelado em lata, picado)
1 pitada de açúcar
½ repolho Savoia em tiras
Sal e pimenta
2 colheres de sopa de salsinha fresca picada, para decorar
Pão integral do tipo caseiro para acompanhar

Preparo

1 Refogue a cebola, o salsão e o alho no óleo de canola por 5-7 minutos ou até amolecer.

2 Junte o caldo e deixe ferver, tirando a espuma que se forma na superfície com uma escumadeira. Adicione a cevada e o bouquet garni. Abaixe o fogo, tampe e cozinhe por 30 minutos a 1 hora, até que os grãos comecem a ficar macios.

3 Acrescente as cenouras, o açúcar e os tomates com o suco da lata. Cozinhe por mais 30 minutos ou até que a cevada e a cenoura estejam macias.

4 Retire o bouquet garni e junte o repolho. Tempere com sal e pimenta a gosto. Cozinhe mais um pouco, até murchar o repolho. Com uma concha, transfira para tigelas ou pratos fundos individuais aquecidos e decore com a salsinha. Sirva com o pão.

70 AVEIA

A aveia tem alto teor de fibras solúveis e é fonte de gorduras saudáveis. Pode saciar o apetite, baixar o colesterol “ruim” e manter os níveis de açúcar no sangue equilibrados.

Contém várias propriedades benéficas à saúde, é rica em betaglucano, uma fibra solúvel que ajuda a baixar o colesterol “ruim” e a aumentar o “bom”, mantém o bom funcionamento do sistema circulatório e ajuda a prevenir ataques cardíacos. Possui vários antioxidantes e substâncias químicas vegetais benéficas para o coração e vias arteriais, tais como as avantramidas (fitoalexina com propriedades antibióticas), saponinas e vitamina E. Também contém polifenóis, compostos vegetais que reprimem o crescimento de tumores. Tem índice glicêmico relativamente baixo, bom para regimes e dietas, pessoas com resistência a insulina e diabéticos.

- Um dos melhores grãos para manter o bom funcionamento do coração e das vias arteriais.
- Substâncias químicas que ajudam a reduzir o risco de câncer.
- Índice glicêmico mais baixo do que o de outros cereais.
- Boa fonte de várias vitaminas e minerais, como as vitaminas do complexo B, vitamina E, magnésio, cálcio e ferro.

Dicas práticas:
Devido ao teor de gordura, é facilmente perecível, a não ser que seja armazenada em recipiente hermético, em local fresco, seco e pouco iluminado. Procure consumir em 2-3 semanas. Em flocos, pode ser usada para fazer musli, pode também ser ingrediente de biscoitos e coberturas crocantes em tortas e bolos. A farinha de aveia pode substituir a farinha de trigo.

VOCÊ SABIA QUE...

A aveia contém pequenas quantidades de glúten; mesmo assim, algumasw pessoas com intolerância ao glúten (doença celíaca) conseguem tolerar a aveia na alimentação, quando a ingestão diária desse grão não ultrapassa ⅔ de xícara. Portanto, celíacos devem consultar o médico antes de incluir ou excluir a aveia do cardápio.

PRINCIPAIS NUTRIENTES ENCONTRADOS EM 60 g DE AVEIA

Kcalorias	233
Gordura total	4 g
Proteínas	10 g
Carboidratos	40 g
Fibras	6,4 g
Folatos	34 mcg
Vitamina B1	0,5 mg
Niacina	0,6 mg
Vitamina E	1,5 mg
Magnésio	106 mg
Potássio	257 mg
Zinco	2,4 g
Cálcio	32 mg
Ferro	2,8 mg

Barrinhas de aveia

RENDE 16 (V) (C)

1 ½ tabletes de margarina light, mais a quantidade para untar
3 colheres de sopa de mel
¾ de xícara de açúcar mascavo
½ xícara de pasta de amendoim (peanut butter)
3 xícaras de aveia em flocos
¼ de xícara de damasco seco picado
2 colheres de sopa de sementes de girassol
2 colheres de sopa de sementes de gergelim

Preparo

1 Preaqueça o forno a 180 °C. Unte uma assadeira de 22 cm.
2 Derreta a margarina e junte o mel e o açúcar. Quando o açúcar dissolver, retire do fogo, junte a pasta de amendoim e mexa bem. Misture os demais ingredientes.
3 Transfira a massa para a assadeira, pressionando um pouco. Asse por 20 minutos. Retire do forno, deixe esfriar na assadeira, corte em 16 quadrados e sirva.

71 SOJA

Um grão muito valioso, rico em minerais e substâncias químicas que previnem doenças, a soja é fonte completa de proteínas e alimento ideal para vegetarianos.

A soja é cultivada na China há mais de 10.000 anos. Está entre os poucos vegetais completos em proteína e contém todos os oito aminoácidos essenciais. É excelente fonte de cálcio, vitaminas do complexo B, potássio, zinco e magnésio. Tem teor muito alto de ferro – no entanto, ele só pode ser absorvido pelo organismo se consumido com alimentos ricos em vitamina C. A soja é rica em substâncias químicas vegetais que podem prevenir algumas doenças, como câncer de mama e próstata e doenças cardíacas. A ingestão regular de soja pode contribuir para a redução dos sintomas da menopausa.

- Fonte completa de proteínas com baixo teor de gordura saturada.
- Rica em substâncias químicas vegetais que podem auxiliar na prevenção de doenças cancerígenas hormonais.
- Ajuda a abaixar o colesterol "ruim" e previne doenças cardíacas.
- Pode reduzir os sintomas da menopausa como as ondas de calor.

Dicas práticas:
A soja em lata é uma alternativa fácil e barata, com o mesmo perfil nutricional do grão seco. Use a soja em sopas e ensopados, em forma de pasta, para ser usada como patê, ou ainda para fazer hambúrgueres vegetarianos. O tofu, feito com a soja processada, é uma boa alternativa de alimento com baixo teor de gordura e de sódio. Se preferir ou precisar ingerir mais nutrientes, substitua a farinha de trigo pela farinha de soja em receitas de bolos, tortas e pães doces ou salgados.

VOCÊ SABIA QUE...

Edamame é o nome dado à soja fresca, ainda na vagem; pode ser encontrada fresca ou congelada em lojas e mercados especializados em comida oriental. Prepare da mesma maneira que outros legumes frescos.

PRINCIPAIS NUTRIENTES ENCONTRADOS EM 60 g DE SOJA SECA

Kcalorias	250
Gordura total	12 g
Proteínas	22 g
Carboidratos	18 g
Fibras	5,6 g
Folatos	225 mcg
Vitamina B1	0,5 mg
Riboflavina	0,5 mg
Niacina	0,95 mg
Magnésio	168 mg
Potássio	1078 mg
Zinco	2,9 g
Cálcio	166 mg
Ferro	9,4 mg

Soja marinada

SERVE 10–12 (V) (D)

225 g de soja fresca em vagens (edamame), lavadas e sem o caule
1 ¼ de vinagre de arroz
¾ de xícara de água fria
3 colheres de sopa de açúcar

Preparo

1 Cozinhe a soja fresca em uma panela com água e um pouco de sal, deixe ferver por cerca de 15 minutos ou até que estejam macias, mas sem abrir. Escorra e esfrie.

2 Coloque o restante dos ingredientes em uma tigela. Mergulhe as vagens, deixando-as submersas no tempero. Deixe descansar por 24 horas em local fresco. Tire os feijões da vagem e sirva frio.

5

ERVAS E ESPECIARIAS

Por suas propriedades medicinais e nutricionais, as ervas e especiarias, mesmo em pequenas quantidades, podem afetar ou influenciar nossa dieta alimentar, chegando a "roubar a cena" em algumas ocasiões. Podem ser usadas nas mais variadas receitas – de massas a conservas –, ou ainda em bolos ou muffins.

(V) recomendado para vegetarianos

(D) ideal para quem está de dieta ou regime

(G) recomendado para grávidas

(C) recomendado para crianças com mais de 5 anos

(R) rápido para preparar e cozinhar

72 MANJERICÃO

Bastante perfumado e com folhas viçosas, pode ser usado para aliviar a dor, ajudar a combater a indigestão ou ainda como um sedativo moderado.

O manjericão talvez seja mais conhecido por ser o ingrediente principal do molho pesto, típico da Itália. Contudo, na Índia e outros países do Mediterrâneo, é usado como remédio para indigestão, náusea e dor de estômago. É um sedativo suave e seu óleo pode ser usado como repelente e para aliviar a dor da picada de insetos. Contém compostos flavonoides altamente antioxidantes. As folhas contêm óleos voláteis que ajudam a combater bactérias causadoras de intoxicação. A substância química eugenol, encontrada no manjericão, é um anti-inflamatório semelhante à aspirina e pode ajudar a aliviar a dor de artrite, bem como trazer conforto para portadores da síndrome do intestino irritável.

- Tradicionalmente usado como remédio para indigestão, náusea e dor de estômago.
- Repelente de insetos; tem ação antibacteriana.
- Anti-inflamatório.
- Alto teor de luteína e zeaxantina, benéficas para os olhos.

Dicas práticas:
Para conservar o sabor, aroma e óleos, é melhor adicionar o manjericão no final do cozimento. As folhas, quando grandes, devem ser cortadas com tesoura e não com faca. Para uma receita rápida de pesto, amasse o manjericão com pinolis, azeite de oliva, sal e pimenta e use com espaguete. Use as folhas para decorar saladas de tomate e mussarela.

VOCÊ SABIA QUE...

O manjericão contém estragol, substância que pode estar associada ao câncer em animais. Já os humanos não correm risco, mesmo se ingerirem grandes quantidades dessa erva.

PRINCIPAIS NUTRIENTES ENCONTRADOS EM 15 g DE MANJERICÃO

Kcalorias	222
Gordura total	1,8 g
Proteínas	5 g
Carboidratos	46 g
Fibras	3,6 g
Niacina	3 mg
Vitamina B1	0,2 mg
Vitamina B6	0,3 mg
Selênio	19,6 mcg
Magnésio	86 mg
Ferro	0,8 mg
Zinco	1,3 g
Cálcio	20 mg
Luteína/Zeaxantina	848 mcg

Pimentão ao basílico

SERVE 4 (V) (D) (G) (C)

1 colher de chá de azeite de oliva
2 minicebolinhas picadas
2 dentes de alho espremidos
2 pimentões vermelhos, sem pele e sem sementes, cortados em tirinhas
1 pimentão amarelo, sem pele e sem sementes, cortado em tirinhas
4 tomates cortados em fatias finas
2 colheres de sopa de manjericão fresco picado
Pimenta
Folhas para salada, para acompanhar

Preparo

1 Pincele quatro tigelas para ramequim (forminhas pequenas para suflê) com o azeite de oliva. Misture a cebola e o alho em uma tigela e tempere com pimenta a gosto.

2 Em cada forminha, faça camadas alternadas de pimentão vermelho, pimentão amarelo e tomate, intercalando com a mistura de cebola e o manjericão. Cubra com filme plástico ou papel-manteiga, coloque um peso sobre cada forma e leve à geladeira por no mínimo 6 horas. O ideal é que fique de um dia para outro.

3 Antes de servir, retire os pesos e passe uma faca na lateral das forminhas. Desenforme sobre pratos individuais. Sirva acompanhado de salada de folhas verdes.

73 HORTELÃ

Bastante popular, a hortelã é usada para acalmar e relaxar o estômago; pode aliviar os sintomas de enjoos e a congestão em resfriados.

A hortelã é usada tanto pelo sabor quanto pelas propriedades medicinais há milhares de anos. O mentol, óleo encontrado na hortelã, é um remédio natural para indigestão e é daí que vem o costume de tomar chá de hortelã depois de uma farta refeição. Este óleo também pode ser usado como descongestionante por pacientes com gripes e resfriados ou por portadores de rinite alérgica. É antibacteriano, pode ajudar a prevenir úlceras estomacais e intoxicação por salmonela, bem como desacelerar a multiplicação do *E.coli*. Estudos mostraram que a hortelã contém substâncias químicas que bloqueiam o crescimento de alguns tipos de câncer em animais.

- Alivia a indigestão e acalma o estômago.
- Alivia a congestão das vias respiratórias.
- Tem propriedades antibacterianas.
- Pode ser anticancerígena.

Dicas práticas:
A hortelã é mais apreciada fresca, pois as folhas secas perdem muito de seu sabor e aroma. Um jeito simples de aproveitá-la é misturar as folhas bem picadas com iogurte natural e servir como acompanhamento para carne de carneiro ou berinjelas. Misture hortelã picada com vinagre balsâmico e terá um molho fácil e rápido de fazer. Para fazer um chá, mergulhe um punhado de folhas frescas em água fervente, espere 5 minutos e coe antes de beber.

VOCÊ SABIA QUE...

Galhinhos de hortelã colocados em um copo com água vão formar raízes, podendo ser plantados em vasos, dentro de casa. Assim, você terá hortelã o ano inteiro.

PRINCIPAIS NUTRIENTES ENCONTRADOS EM 15 g DE HORTELÃ

Kcalorias	7
Gordura total	Traços
Proteínas	0,5 g
Carboidratos	1,2 g
Fibras	1 g
Folato	16 mcg
Magnésio	9 mg
Potássio	69 mg
Cálcio	30 mg
Ferro	1,8 mg

Chutney de hortelã e espinafre

SERVE 4–6 (V) (D) (G) (C)

55 g de folhas de espinafre bem tenras
3 colheres de sopa de folhas de hortelã frescas
2 colheres de sopa de folhas de coentro
1 cebola roxa pequena picada
1 dente de alho pequeno picado
1 pimenta chili verde picada (se preferir, tire as sementes)
1 ½ colheres de chá de açúcar
1 colher de sopa de suco de tamarindo ou suco de ½ limão

Preparo

1 Bata todos os ingredientes no processador, colocando água o suficiente para bater.

2 Transfira para uma tigela, cubra e leve à geladeira por pelo menos 30 minutos antes de servir. Sirva com espetinhos de carne de carneiro ou pastéis indianos chamados samosas.

74 SALSA

Tradicionalmente usada como remédio, a salsa é um poderoso antioxidante e anticoagulante, rica em vitamina C e ferro.

O perfil nutricional da salsinha lisa e da salsinha crespa é o mesmo. É frequentemente usada na decoração de pratos e depois descartada, o que é uma pena, pois suas folhas são boas fontes de vários nutrientes, incluindo a vitamina C e ferro. Um composto chamado miriticina, encontrado na salsinha, reduz tumores em animais e tem forte ação antioxidante, neutralizando substâncias carcinogênicas, como as encontradas na fumaça de tabaco e do carvão de churrasco. Além disso, a salsinha tem ação anticoagulante e contém compostos oleaginosos que podem aliviar distúrbios menstruais, como dores, cólicas e retenção de líquidos.

- Boa fonte de vitamina C, ferro, potássio e folato.
- Teor de luteína e zeaxantina que previne a degeneração macular.
- Purificador do hálito.
- Antioxidante e anticancerígena.
- Contém a substância oleaginosa apiol, tradicional remédio para retenção de líquido e distúrbios menstruais.

Dicas práticas:
Quando fresca, pode ser guardada na geladeira por vários dias, em um saco plástico. Para fazer tabule, misture com trigo para kibe, hortelã, suco de limão e azeite. Para fazer pesto, amasse ou bata no processador salsinha, nozes e azeite de oliva e use com espaguete ou qualquer outra massa de sua preferência.

VOCÊ SABIA QUE...

A salsa, ou salsinha, pertence à família das umbelíferas, a mesma do nabo. Existe um tubérculo conhecido como "root parsley", semelhante ao nabo e preparado da mesma maneira, que é muito popular na culinária europeia.

PRINCIPAIS NUTRIENTES ENCONTRADOS EM 15 g DE SALSINHA

Kcalorias	5
Gordura total	Traços
Proteínas	0,5 g
Carboidratos	1 g
Fibras	0,5 g
Vitamina C	20 mg
Folato	23 mcg
Magnésio	8 mg
Potássio	83 mg
Cálcio	21 mg
Ferro	0,9 mg
Betacaroteno	758 mcg
Luteína/Zeaxantina	834 mcg

Vinagrete de salsinha

RENDE CERCA DE
⅔ DE XÍCARA (V) (D) (G) (C) (R)

½ xícara de azeite de oliva
3 colheres de sopa de vinagre de vinho branco ou suco de limão
1 ½ colher de sopa de salsinha picada
1 colher de chá de mostarda Dijon
½ colher de chá de açúcar refinado
Sal e pimenta

Preparo

1 Coloque todos os ingredientes em um vidro com tampa de rosca. Agite com força, até obter uma emulsão espessa. Ajuste o tempero, se necessário.

2 Use em seguida ou guarde em recipiente hermético por até 3 dias na geladeira. Sirva como tempero de salada de folhas verdes. Sempre que usar, bata o vinagrete com um batedor manual ou agite o recipiente. Coe o vinagrete se as folhas começarem a escurecer.

75 ALECRIM

De aroma intenso, o alecrim tem boas propriedades medicinais – pode combater os sintomas de gripes e resfriados e auxilia na prevenção de doenças relacionadas à idade.

O alecrim é, tradicionalmente, usado como um estimulante mental, fortalecedor da memória e tônico geral, além de ser benéfico para o sistema circulatório. Especialistas recomendam o chá de alecrim para tratar gripes, resfriados e reumatismo. Assim como outras ervas, o alecrim também combate bactérias causadoras de infecções na garganta, como *E.coli* e estafilococos, portanto, recomenda-se o uso do chá para fazer gargarejo. Segundo pesquisas, o alecrim é uma das ervas com alta ação antioxidante, ajudando a reduzir o risco de doenças que aparecem com a idade.

- Forte ação antioxidante.
- Fortalecedor da memória e desempenho cerebral.
- Tem propriedades antibacterianas.
- Usado como tônico geral e pode ajudar a combater a depressão.

Dicas práticas:
Quando seco, o alecrim conserva algumas propriedades antioxidantes. Pendure os galhinhos em local morno, deixe secar e depois guarde as folhinhas em um recipiente hermético. As folhas frescas do alecrim podem ser picadas, misturadas com tomilho, sálvia e orégano e usadas em ensopados ou omeletes. Use alecrim e alho para temperar frango, carneiro e porco assados. Adicione algumas folhinhas frescas na massa de pão.

VOCÊ SABIA QUE...

Testes mostraram que o extrato de alecrim (e não as folhas frescas ou secas) age como um desintoxicante para o fígado, ajuda a melhorar problemas de pele e bloqueia o estrogênio no organismo, agindo da mesma maneira que os remédios para câncer de mama.

PRINCIPAIS NUTRIENTES ENCONTRADOS EM 15 g DE ALECRIM

Kcalorias	20
Gordura total	0,9 g
Proteínas	0,5 g
Carboidratos	3,1 g
Fibras	2 g
Folato	16 mcg
Magnésio	14 mg
Potássio	100 mg
Cálcio	48 mg
Ferro	1 mg

Espetinhos de tamboril com alecrim

RENDE 12 (D) (C)

250 g de filé de tamboril
12 galhinhos de alecrim, mais alguns para decorar
3 colheres de sopa de azeite de oliva
Suco de ½ limão pequeno
1 dente de alho espremido
Sal e pimenta
Gomos de limão para acompanhar

Aioli

3 gemas
4 dentes de alho
Suco de ½ limão
⅔ de xícara de azeite de oliva extravirgem
1 colher de chá de mostarda em pó

Preparo

1 Corte os filés em 24 pedaços. Coloque em uma tigela e reserve.

2 Prepare os espetinhos de alecrim: tire as folhas, deixando um pouco em uma das pontas. Pique as folhas e, com um batedor manual, misture com o azeite, suco de limão, alho, sal e pimenta. Junte aos pedaços de peixe e misture bem para pegar o tempero. Cubra e leve a marinada à geladeira por 1-2 horas.

3 Aqueça a chapa ou churrasqueira. Faça o aioli: bata todos os ingredientes, exceto o azeite, no liquidificador ou processador, até obter uma mistura homogênea. Com o liquidificador ou processador ligado, jogue o óleo lentamente e continue batendo até obter um creme espesso. Reserve.

4 Coloque os pedaços de filé de peixe nos espetos de alecrim. Grelhe na chapa ou churrasqueira por 10 minutos ou até ficarem cozidos. Regue com o líquido da marinada enquanto assa. Sirva com os gomos de limão e o aioli.

76 SÁLVIA

Rica em compostos benéficos à saúde, a sálvia ajuda a retardar o envelhecimento e a amenizar os sintomas da artrite e asma.

Nativa do Mediterrâneo, a sálvia é usada há milhares de anos e foi uma das primeiras ervas a ser usada como remédio. Contém vários óleos voláteis, flavonoides e ácidos fenólicos. Está entre as dez ervas com maior ação antioxidante e ajuda a neutralizar os radicais livres associados ao envelhecimento. Especialistas acreditam que a sálvia é um poderoso fortalecedor de memória. Experiências demonstraram que, com pequenas quantidades, pode-se obter melhoras significativas na memória de curto prazo. Além disso, a sálvia é antibacteriana e pode ajudar a reduzir a frequência das ondas de calor em mulheres na menopausa. É, também, recomendada para artrite reumatoide e asma.

- Forte ação antioxidante, antibacteriana e conservante.
- Fortalece a memória.
- Reduz a frequência das ondas de calor na menopausa feminina.
- Tem propriedades anti-inflamatórias.

Dicas práticas:
Fácil de cultivar, é um arbusto perene, disponível em todos os meses do ano. Para secar as folhas, espalhe-as sobre uma grade em local morno e seco; depois de secas, guarde-as em uma lata com tampa. Misture a outras ervas picadas e use em omeletes ou recheio de carnes ou legumes. Use como decoração em pizzas. Derreta manteiga, misture folhas frescas e consuma com espaguete.

VOCÊ SABIA QUE...

As propriedades antioxidantes da sálvia são conhecidas há muito tempo. Na Grécia Antiga, era usada para conservar carnes. No século X, médicos árabes acreditavam que pudesse ajudar a alcançar a imortalidade.

PRINCIPAIS NUTRIENTES ENCONTRADOS EM 15 g DE SÁLVIA

Kcalorias	22
Gordura total	0,9 g
Proteínas	0,7 g
Carboidratos	4,2 g
Fibras	2,8 g
Folato	19 mcg
Magnésio	30 mg
Potássio	75 mg
Cálcio	116 mg
Ferro	1,9 mg
Betacaroteno	244 mcg

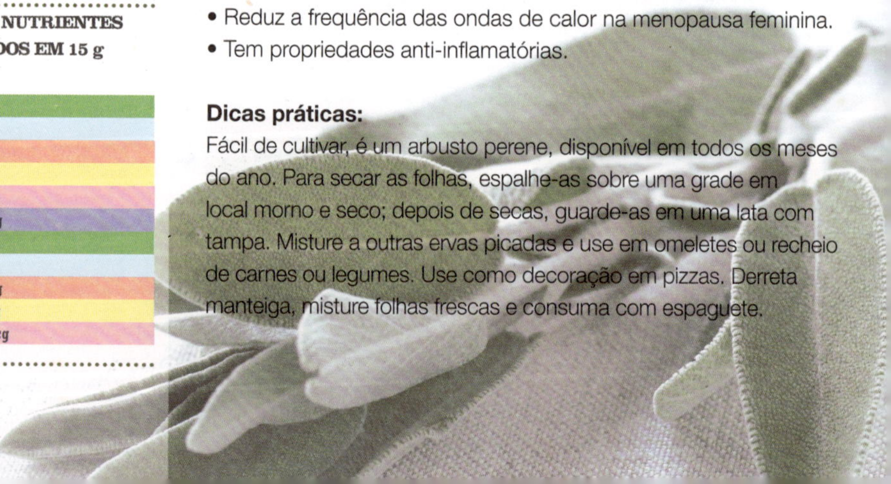

Pão de alho e sálvia

RENDE 1 PÃO (V) (C)

1 ¾ xícaras de farinha de trigo integral, mais a quantidade para polvilhar
10 g de fermento biológico para pão
3 colheres de sopa de sálvia fresca picada, mais algumas folhas para decorar
1 colher de chá de sal
3 dentes de alho bem picados
1 colher de chá de mel
⅔ de xícara de água morna
Óleo de canola para pincelar
Cream cheese *light, para acompanhar*

Preparo

1 Peneire a farinha em uma tigela. Junte o fermento, sálvia e sal. Reserve 1 colher de chá de alho picado e adicione o restante. Faça um buraco no centro e jogue a água e o mel. Misture tudo com as mãos até obter uma massa lisa. Transfira para uma mesa ou tábua ligeiramente enfarinhada e sove a massa por cerca de 10 minutos ou até ficar macia e elástica.

2 Pincele uma tigela com óleo. Coloque a bola de massa na tigela e cubra com um pano úmido ou saco plástico. Deixe crescer, em local morno, por 1 hora ou até a massa dobrar de volume.

3 Unte uma assadeira com óleo. Transfira a massa para uma superfície enfarinhada, dê um soco bem no meio e trabalhe a massa por 2 minutos. Faça um anel com a massa e coloque na assadeira. Coloque uma tigela ou copo (pincelado com óleo pelo lado de fora) no centro do anel, para evitar que o anel se feche enquanto a massa cresce. Cubra com um pano úmido e deixe crescer por mais 30 minutos.

4 Preaqueça o forno a 200 °C. Retire a tigela ou copo do centro da massa. Salpique o pão com o restante do alho picado e um pouco de farinha. Asse por 25-30 minutos, ou até dourar. Transfira para uma grade até esfriar. Corte em fatias, espalhe o *cream cheese*, decore com as folhas de sálvia e sirva.

77 ORÉGANO

O orégano, de sabor marcante, é a erva tem grande atividade antioxidante, que melhora o sistema imunológico e ajuda a prevenir contra a bactéria causadora de intoxicação.

Segundo testes efetuados pelo Departamento de Agricultura dos Estados Unidos, o orégano tem mais atividade antioxidante do que qualquer outra erva. Tem 42 vezes mais antioxidantes do que as maçãs, 12 vezes mais do que as laranjas e 4 vezes mais do que os *blueberries*. Contém timol e carvacrol, óleos voláteis que inibem o crescimento de bactérias, como o estafilococo áureos. Além disso, o orégano é boa fonte de vários nutrientes, como cálcio, potássio, ferro e magnésio. Tem alto teor de fibras dietéticas e pode ajudar a baixar o colesterol "ruim".

- Um dos mais poderosos antioxidantes vegetais.
- Antibacteriano e pode ajudar a aliviar sintomas de resfriados.
- Rico em minerais.
- Alto teor de fibras e pode auxiliar na digestão.

Dicas práticas:
É fácil de cultivar e pode ser plantado em vasos colocados no beiral da janela. As folhas são fáceis de secar e podem ser guardadas em recipientes herméticos. O orégano seco dever ser substituído a cada 3 meses, pois perde o aroma e o sabor com o tempo. É uma das ervas usadas em mix de ervas, como a mistura conhecida como Ervas de Provence. Combina bem com ovos, tomates, carneiro e frango.

VOCÊ SABIA QUE...

Ao substituir, em sua receita, as folhas frescas do orégano por orégano seco, use apenas a metade.

PRINCIPAIS NUTRIENTES ENCONTRADOS EM 15 g DE ORÉGANO

Kcalorias	21
Gordura total	0,8 g
Proteínas	0,7 g
Carboidratos	4,5 g
Fibras	3 g
Niacina	0,4 mg
Folato	19 mcg
Magnésio	19 mg
Potássio	117 mg
Cálcio	110 mg
Ferro	3 mg
Betacaroteno	288 mcg

Atum com molho verde

SERVE 4 (D) (C) (R)

4 filés de atum fresco, de 2 cm de espessura
Azeite de oliva para pincelar
Sal e pimenta
Gomos de limão para acompanhar

Molho verde

55 g de salsinha
4 minicebolas, picadas
2 dentes de alho picados
3 filés de anchova (em lata, com óleo, escorridos)
30 g de folhas de louro frescas
½ colher de sopa de alcaparras em conserva (enxaguadas para tirar o sal)
2 galhinhos de orégano fresco ou 1 colher de chá de orégano seco
½ xícara de azeite de oliva extravirgem, mais um pouco se necessário
1-2 colheres de sopa de suco de limão, ou a gosto

Preparo

1. Para o molho verde, bata no processador a salsinha, as cebolas, o alho, os filés de anchova, o manjericão, as alcaparras e o orégano. Com o processador ligado, jogue o óleo lentamente. Adicione o suco de limão, a gosto, e bata mais um pouco. Acrescente mais óleo, caso fique muito espesso. Transfira para uma tigela, tampe e guarde na geladeira.
2. Aqueça a chapa ou use uma grelha elétrica. Pincele um dos lados dos filés com azeite, coloque na grelha com o lado do azeite para baixo e doure por 2 minutos.
3. Pincele o lado de cima, vire os filés, tempere com sal e pimenta. Doure por mais 2 minutos se preferir malpassado ou por 4 minutos se preferir bem passado.
4. Transfira para pratos individuais, cubra cada filé com uma colher de molho verde. Sirva com os gomos de limão.

78 COENTRO

As folhas do coentro contêm ação antibacteriana, anti-inflamatória e podem melhorar, significativamente, o nível de colesterol do sangue.

O coentro ocupa uma das primeiras posições entre as ervas medicinais. Estudos mostram que, quando o coentro foi adicionado à dieta de ratos diabéticos, ajudou a estimular a secreção de insulina e a baixar o açúcar no sangue. As folhas contêm o composto dodecenal, duas vezes mais eficiente para eliminar a salmonela do que alguns antibióticos. Além deste, foram isolados outros oito compostos antibióticos. O coentro pode ajudar a baixar o colesterol "ruim" e aumentar o "bom". É boa fonte de vários nutrientes, como potássio e cálcio. Contém alto teor de luteína e zeaxantina, substâncias benéficas para os olhos e a visão.

- Regula o açúcar no sangue e pode ajudar diabéticos.
- Ação anti-inflamatória e antibacteriana.
- Tem efeito positivo sobre os níveis de colesterol do sangue.
- Pode contribuir para a saúde dos olhos.

Dicas práticas:
Prefira coentro fresco, pois o seco perde aroma e sabor. As folhas são muito delicadas e devem ser armazenadas com cuidado. Se possível, use folhas colhidas na hora, de um canteiro ou vaso. Pode ser usado em pratos com curry, ou ensopados e cozidos à base de peixe. Deve ser adicionado no final da receita, pois perde aroma e sabor rapidamente depois de cozido.

VOCÊ SABIA QUE...

As folhas do coentro fresco são extremamente parecidas com a salsinha de folha chata italiana – ambas pertencem à mesma família de plantas, as *umbelliferae*.

PRINCIPAIS NUTRIENTES ENCONTRADOS EM 15 g DE COENTRO

Kcalorias	3
Gordura total	Traços
Proteínas	0,3 g
Carboidratos	0,5 g
Fibras	0,4 g
Folato	9 mcg
Potássio	78 mg
Cálcio	10 mg
Ferro	0,3 mg
Betacaroteno	590 mcg
Luteína/Zeaxantina	130 mcg

Geleia de ervas com azeitonas

SERVE 4 (V) (D) (G) (C)

225 g de folhas de espinafre bem tenras
1 punhado de folhas de salsão
3 colheres de sopa de azeite de oliva
2-3 dentes de alho espremidos
1 colher de chá de sementes de cominho
6-8 azeitonas pretas, sem caroço e picadas
1 maço grande de salsinha, picado
1 maço grande de coentro, picado
1 colher de chá de páprica
Suco de ½ limão
Sal e pimenta
Fatias de pão torrado ou um pão do tipo caseiro ou italiano e azeitonas pretas, para acompanhar

Preparo

1 Cozinhe o espinafre e as folhas de salsão no vapor. Resfrie sob água corrente, escorra bem e esprema o excesso de água. Pique bem miúdo.

2 Aqueça 2 colheres de azeite em uma panela de fundo grosso. Refogue o alho e as sementes de cominho por 1-2 minutos, mexendo sempre, até liberar o aroma. Misture as azeitonas, a salsinha e o coentro. Junte a páprica.

3 Acrescente o espinafre e as folhas de salsão cozidas e picadas. Cozinhe em fogo baixo por 10 minutos, mexendo de vez em quando, até obter uma mistura macia e compacta. Tempere com sal e pimenta a gosto e deixe esfriar.

4 Transfira para uma tigela e misture o restante do óleo e o suco de limão. Sirva com o pão e as azeitonas.

79 TOMILHO

Pequeno, porém forte como um touro: tem ação antioxidante que o coloca entre as dez ervas mais saudáveis.

As folhas sempre verdes do tomilho têm sabor aromático e marcante, além de uma forte ação antioxidante graças à presença de óleos voláteis compostos orgânicos. O mais importante desses óleos é o timol. Estudos indicam que o timol pode aumentar os efeitos do Ômega-3 no organismo (por exemplo, o Ômega-3 DHA encontrado em peixes é importante para o bom desempenho cerebral). Os óleos do tomilho são altamente antibacterianos e podem proteger contra as bactérias que causam intoxicação alimentar, como *E.coli*, *bacillus* e *staphylococcus*. São ricos em flavonoides, que previnem o envelhecimento, e boa fonte de vitamina C e ferro.

- Fortalece a atividade do Ômega-3 no organismo.
- Pode fortalecer o desempenho cerebral.
- Antisséptico e antibiótico poderoso.
- Rico em antioxidantes flavonoides, vitamina C e ferro.

Dicas práticas:
Galhinhos frescos podem ser amarrados com folhas de louro e salsinha para fazer o *bouquet garni*, usado em caldos de peixes e assados. As folhas picadas e misturadas com salsinha e hortelã, também picadas, vão muito bem em omeletes. Use como tempero ao assar frangos. Use um garfo para remover as folhas do caule – é mais fácil.

VOCÊ SABIA QUE...

O óleo de tomilho é usado por suas propriedades antissépticas desde a Idade Média até os dias de hoje. Especialistas em ervas medicinais o recomendam para o tratamento de bronquite e para higienização bucal.

PRINCIPAIS NUTRIENTES ENCONTRADOS EM 15 g DE TOMILHO

Kcalorias	15
Gordura total	0,2 g
Proteínas	0,8 g
Carboidratos	3,6 g
Fibras	2,1 g
Vitamina C	24 mg
Cálcio	61 mg
Potássio	91 mg
Ferro	2,6 mg
Zinco	0,3 mg
Betacaroteno	428 mcg

Óleo temperado com limão, alecrim e tomilho

RENDE 1 XÍCARA BEM CHEIA (V) (D) (G) (C)

10-15 galhinhos de tomilho frescos
5 galhinhos de alecrim
Tirinhas de casca de 2 limões
1 xícara de óleo de canola

Preparo

1 Preaqueça o forno a 150 °C. Separe as folhas do caule.

2 Coloque o óleo em uma travessa refratária. Junte as folhas e as tiras de limão. Coloque no forno por 1 ½ a 2 horas.

3 Se tiver um termômetro digital, teste a temperatura do óleo. Retire do forno quando atingir 120 °C. Deixe esfriar por pelo menos 30 minutos. Guarde o óleo na geladeira. Se preferir, coe em um pano ou coador de papel antes de guardar. Sirva com fatias de pão do tipo caseiro ou italiano.

80 SEMENTE DE ERVA-DOCE

A semente de erva-doce, com seu sabor de anis característico, é útil em regimes e dietas, por exercer um efeito inibidor do apetite. Pode também acalmar o sistema digestivo.

A semente pode ser retirada tanto da planta quanto do bulbo de erva-doce. Há muito tempo é usada como auxiliar em regimes para perda de peso porque se acredita que o chá feito com as suas sementes inibe o apetite. Mascar sementes combate o mau hálito. São úteis para mulheres em fase de amamentação, pois contêm substâncias similares ao estrogênio que estimulam a produção de leite. O chá ajuda a aliviar flatulência, cólicas de bebês e distúrbios estomacais. No entanto, as sementes devem ser evitadas durante a gravidez, pois podem provocar contrações uterinas. Podem ser um bom alívio para sintomas da menopausa.

- Ajuda a controlar o apetite.
- Combate a halitose.
- Auxilia a digestão e alivia cólicas e flatulência.
- Estimula a produção de leite materno.

Dicas práticas:
Para fazer um chá de erva-doce, despeje água fervente sobre uma colher de sementes; espere 5 minutos e coe. Combinam bem com carne de porco – faça pequenos corte superficiais na carne e preencha com as sementes antes de assar. Vai bem com peixe – use as sementes amassadas, misturadas com azeite de oliva e cubinhos de tomate sobre o peixe antes de assar. Quando amassadas, também dão um sabor especial às saladas de batata. Sempre amasse as sementes na hora de usar, para não perderem sabor.

VOCÊ SABIA QUE...

Desde a Antiguidade, gregos e romanos reconhecem a importância da erva-doce tanto na alimentação quanto para saúde. Acreditava-se que as sementes de erva-doce teriam poderes mágicos – eram inseridas nas fechaduras das casas para espantar fantasmas.

PRINCIPAIS NUTRIENTES ENCONTRADOS EM 15 g DE SEMENTES DE ERVA-DOCE

Kcalorias	20
Gordura total	0,9 g
Proteínas	0,9 g
Carboidratos	3 g
Fibras	2,3 g
Cálcio	69 mg
Potássio	98 mg
Magnésio	22 mg
Ferro	1 mg

Espetinhos de peixe

RENDE 8 (D) (C)

1 pitada de estigmas de açafrão ou de açafrão em pó
1 colher de sopa de leite desnatado quente
⅓ de xícara de iogurte natural desnatado
1 colher de sopa de alho amassado
1 colher de sopa de gengibre amassado
½ colher de sopa de sal (opcional)
½ colher de chá de açúcar
Suco de meio limão
½ - 1 colher de chá de pimenta vermelha em pó
½ colher de chá de garam masala
1 colher de chá de sementes de erva-doce, amassadas
*2 colheres de chá de farinha de grão-de-bico**
750 g de filé de salmão sem pele e cortado em cubos
3 colheres de sopa de azeite de oliva, mais a quantidade para pincelar
Tomates e pepinos em fatias, para decorar
Gomos de limão para acompanhar

*A farinha de grão-de-bico é obtida a partir da moenda do grão inteiro.

Preparo

1 Deixe o açafrão de molho no leite por 10 minutos.

2 Em uma tigela, com a ajuda de um garfo ou batedor manual, bata todos os ingredientes, exceto o peixe e o azeite, até ficar cremoso. Misture bem o açafrão e o leite. Junte os cubos de peixe. Mexa delicadamente com uma colher, até que todos os pedaços de peixe estejam envolvidos pela marinada. Cubra e leve à geladeira por 2 horas. Antes de grelhar, deixe retornar à temperatura ambiente.

3 Preaqueça a chapa na temperatura alta. Pincele a chapa e os espetos com azeite. Espete o peixe, deixando um pequeno espaço entre os pedaços. Coloque-os sobre a chapa. Vire os espetos e pincele a marinada a cada giro, até que o peixe fique dourado. O peixe deve dourar em no máximo 10 minutos.

4 Deixe descansar por 5 minutos, fora da chapa. Decore com as fatias de tomate e pepino e sirva com gomos de limão.

81 PIMENTA VERMELHA

A pimenta vermelha, conhecida no Brasil como dedo-de-moça, é um dos condimentos mais saudáveis, como demonstram pesquisadas já realizadas.

O ardor da pimenta vem de um composto químico chamado capsaicina, que ajuda a aliviar a dor e a inflamação associadas à artrite. Esse composto pode também bloquear a produção de células cancerígenas na próstata, além de previnir a formação de coágulos sanguíneos causadores de ataques cardíacos e derrames. A pimenta vermelha tem alto teor de caroteno. Seu consumo ajuda a diminuir a quantidade de insulina necessária para baixar o açúcar no sangue depois de uma refeição, portanto, é uma boa opção para diabéticos e portadores de resistência a insulina. Pode ainda aumentar levemente a taxa metabólica, o que ajudaria na perda de peso.

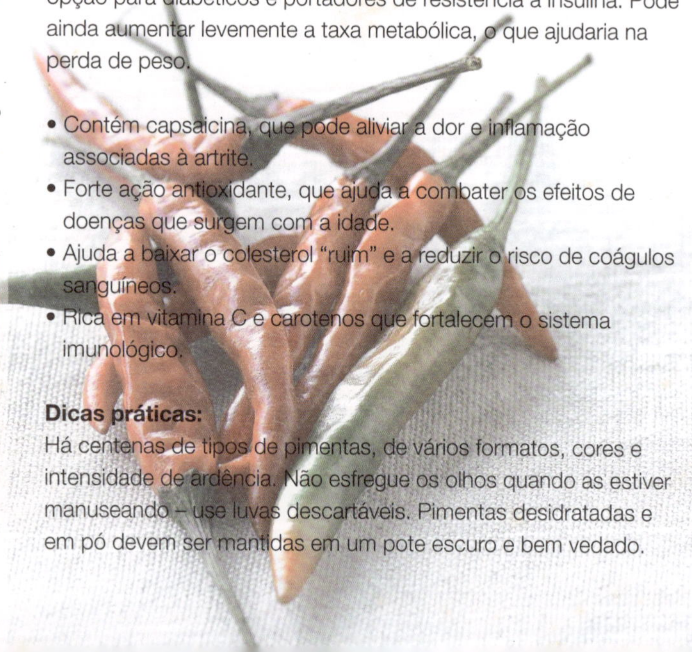

- Contém capsaicina, que pode aliviar a dor e inflamação associadas à artrite.
- Forte ação antioxidante, que ajuda a combater os efeitos de doenças que surgem com a idade.
- Ajuda a baixar o colesterol "ruim" e a reduzir o risco de coágulos sanguíneos.
- Rica em vitamina C e carotenos que fortalecem o sistema imunológico.

Dicas práticas:
Há centenas de tipos de pimentas, de vários formatos, cores e intensidade de ardência. Não esfregue os olhos quando as estiver manuseando – use luvas descartáveis. Pimentas desidratadas e em pó devem ser mantidas em um pote escuro e bem vedado.

VOCÊ SABIA QUE...

Dizem que a pomada feita com pimenta vermelha combate psoríase e herpes-zóster quando aplicada sobre as erupções.

PRINCIPAIS NUTRIENTES ENCONTRADOS EM 30 g DE PIMENTA VERMELHA

Kcalorias	12
Gordura total	Traços
Proteínas	0,5 g
Carboidratos	2,6 g
Fibras	0,4 g
Folato	0,4 g
Vitamina C	43 mg
Niacina	0,4 mg
Potássio	97 mg
Ferro	0,3 mg
Betacaroteno	160 mcg
Luteína/Zeaxantina	213 mcg

Camarão com leite de coco, pimenta e curry

SERVE 4 (D) (G) (C) (R)

4 colheres de sopa de azeite de oliva
½ colher de chá de sementes de mostarda preta
½ colher de chá de sementes de feno-grego (opcional)
1 cebola grande picada
2 colheres de chá de alho, amassado
2 colheres de chá de gengibre amassado
1-2 pimentas chili verdes, sem sementes e picadas
1 colher de sopa de sementes de coentro em pó ou moídas (use um moedor de pimenta)
½ colher de chá de cúrcuma em pó
½ colher de chá de pimenta vermelha em pó
1 colher de chá de sal, ou a gosto
1 xícara de leite de coco light
450 g de camarão rosa cozido e descascado
1 colher de sopa de suco de tamarindo ou o suco de ½ limão
½ colher de chá de pimenta-do-reino moída
10-12 folhas de curry, frescas ou secas

Preparo

1 Aqueça 3 colheres de sopa de azeite em fogo médio. Adicione as sementes de mostarda e de feno-grego e a cebola. Refogue por 5-6 minutos, mexendo sempre, até a cebola ficar transparente. Junte o alho, o gengibre e as pimentas e refogue por mais 5-6 minutos, até dourar as cebolas.

2 Junte o coentro, a cúrcuma e a pimenta em pó. Adicione primeiro o sal e o leite de coco, depois o camarão e o suco de tamarindo. Cozinhe em fogo baixo, por 3-4 minutos, mexendo de vez em quando.

3 Em uma panela à parte, esquente as folhas de curry e a pimenta-do-reino por 20-25 segundos e misture ao camarão, mexendo delicadamente. Sirva em seguida.

82 CANELA

A doce canela é um condimento anti-inflamatório e antibacteriano que ajuda a aliviar os sintomas de azia e gases, e ainda auxilia na prevenção de derrames.

A canela contém vários óleos e compostos voláteis, como o cinamaldeído, acetato cinamil e álcool cinamil, que possuem várias propriedades benéficas. O cinamaldeído tem ação anticoagulante, o que significa que oferece proteção contra derrames, e ação anti-inflamatória, aliviando os sintomas de artrite e asma. A canela auxilia a digestão, aliviando gases e o desconforto causado pela azia. Tem ação antibacteriana, que pode bloquear bactérias e fungos causadores de intoxicação alimentar. Existem pesquisas que demonstraram que a canela ajuda a baixar o nível de açúcar e do colesterol no sangue.

- Ajuda a combater indigestão e gases.
- Condimento antifúngico e antibacteriano.
- Ajuda a prevenir coágulos sanguíneos.
- Pode baixar o colesterol "ruim" e o açúcar no sangue.

Dicas práticas:
A canela em pau conserva o sabor por até um ano; já o sabor e aroma da canela em pó se mantêm por apenas 6 meses. A canela em pó pode ser adicionada a compotas de maçãs ou peras e a bebidas como vinho quente, chocolate quente ou ainda o brasileiro quentão. A canela em pó é um dos ingredientes do garam masala, mistura de especiarias muito popular na Índia.

VOCÊ SABIA QUE...

A canela verdadeira é a casca de uma árvore da família do louro, natural do Ceilão; já a canela cássia é uma variedade diferente, nativa da China. É fácil encontrar tanto uma quanto a outra, mas é quase impossível saber qual delas você está levando para casa.

PRINCIPAIS NUTRIENTES ENCONTRADOS EM 15 g DE CANELA

Kcalorias	18
Gordura total	Traços
Proteínas	Traços
Carboidratos	5,5 g
Fibras	3,7 g
Folato	287 mcg
Potássio	34 mg
Cálcio	84 mg
Ferro	2,6 mg

Laranjas grelhadas com canela

SERVE 8 (V) (D) (G) (C) (R)

4 laranjas grandes

1 colher de chá de canela em pó

1 colher de sopa de açúcar mascavo

Preparo

1 Aqueça o forno na temperatura alta (acione a função dourador, se tiver). Corte as laranjas na metade e tire as sementes. Com uma faca curva de ponta fina, solte os gomos, para que fique fácil tirá-los da casca com uma colher na hora de comer.

2 Distribua as laranjas em uma travessa refratária rasa. Misture a canela e o açúcar e espalhe sobre as laranjas.

3 Asse por 3-5 minutos, ou até caramelizar o açúcar (fica dourado e borbulhante). Sirva imediatamente.

83 COMINHO

Com ação antisséptica, o cominho alivia dores de garganta e facilita o bom funcionamento do sistema digestivo.

As sementes de cominho, pequenas e de cor marrom, são colhidas de uma erva da família da salsa. O sabor é picante, mas não muito forte. Usado desde a Antiguidade, os romanos serviam sementes de cominho antes das refeições, como digestivo. Estudos posteriores demonstraram que eles estavam certos, pois o cominho estimula a secreção de enzimas pancreáticas necessárias para o bom funcionamento do sistema digestivo e para a absorção de nutrientes. Atualmente, o cominho está sendo estudado por suas propriedades antioxidantes que podem ajudar a bloquear o desenvolvimento de câncer. As sementes são ricas em ferro. Por ser antisséptico, o chá de sementes de cominho com mel é indicado para dores de garganta.

- Ajuda na digestão.
- Pode auxiliar na prevenção de câncer.
- Tem propriedades antissépticas.
- Alto teor de ferro, benéfico para o sangue.

Dicas práticas:
As sementes inteiras conservam o sabor por mais tempo do que o cominho em pó. Tem vida útil mais longa e conservam o aroma e sabor por mais tempo se mantidas em recipientes herméticos, em local fresco, seco e pouco iluminados. Adicione sementes levemente quebradas ao arroz integral ou a saladas de frutas. Combina bem com feijões, lentilhas e grão-de-bico.

VOCÊ SABIA QUE...

O cominho é nativo do Oriente Médio, mas é cultivado na Índia e na China há milhares de anos e suas sementes são um dos principais ingredientes de misturas de temperos à base de curry.

PRINCIPAIS NUTRIENTES ENCONTRADOS EM 15 g DE SEMENTES DE COMINHO

Kcalorias	23
Gordura total	1 g
Proteínas	1 g
Carboidratos	2,6 g
Fibras	0,6 g
Cálcio	56 mg
Magnésio	22 mg
Potássio	107 mg
Ferro	4 mg

Sopa de cenoura e cominho

SERVE 1–2 (V) (D) (R)

1 cenoura grande, sem cascas e picada
1 dente de alho pequeno, picado
1 minicebola (usada para conserva), picada
1 tomate maduro, sem pele e picado
½ colher de chá de cominho em pó
¾ de xícara de caldo de legumes
1 bouquet garni
2 colheres de chá de vinho Jerez seco
Pimenta
1 colher de sopa de coalhada desnatada e 1 pitada de cominho, para decorar

Preparo

1 Coloque todos os ingredientes, exceto o Jerez e o iogurte em uma panela com tampa. Leve ao fogo alto até levantar fervura, abaixe o foge e cozinhe por 30 minutos ou até que os legumes fiquem macios. Retire do fogo e deixe esfriar. Descarte o bouquet garni.

2 Bata a sopa em um processador ou liquidificador até ficar bem homogêneo. Leve de volta ao fogo para aquecer e adicione o Jerez. Acerte os temperos, se necessário. Sirva em uma caneca aquecida com uma colher de iogurte e uma pitada de cominho.

84 GENGIBRE

As substâncias químicas encontradas no gengibre fresco têm forte ação anticancerígena, são anti-inflamatórias, podem aliviar sintomas de náusea e auxiliar a digestão.

Há milhares de anos o gengibre é considerado um alimento saudável. Pesquisas recentes comprovaram que os antigos tinham razão. Os compostos ativos principais são o terpeno e o gingerol. Ambos têm propriedades anticancerígenas e ajudam a destruir as células causadoras de câncer de cólon, ovário e reto. O gingerol é também um poderoso anti-inflamatório; estudos demonstraram que o gengibre ajudou a aliviar em até 75% a dor e o inchaço de portadores de artrite, melhorando a mobilidade. Pode também ajudar a aliviar a enxaqueca. Além disso, tem sido usado para aliviar enjoos e auxiliar na digestão, relaxando os intestinos e ajudando a eliminar a flatulência.

- Combate enjoos e náuseas sem provocar sonolência.
- Alivia a dor da artrite.
- Auxilia a digestão.

Dicas práticas:
O gengibre fresco contém teores mais altos de substâncias benéficas à saúde do que o gengibre moído ou em conserva. Pode ser guardado na geladeira e depois descascado, picado ou ralado, conforme a receita utilizada. Chá feito com gengibre ralado e um pouco de suco de limão e mel é um ótimo relaxante.

VOCÊ SABIA QUE...

Gengibre é a parte subterrânea de uma planta de clima tropical. Não é uma raiz, e sim um caule que cresce horizontalmente debaixo da terra, chamado rizoma.

PRINCIPAIS NUTRIENTES ENCONTRADOS EM 15 g DE GENGIBRE

Kcalorias	19
Gordura total	0,3 g
Proteínas	0,5 g
Carboidratos	3,8 g
Fibras	0,7 g
Vitamina B1	0,4 mg
Magnésio	10 mg
Potássio	73 mg
Ferro	0,6 mg

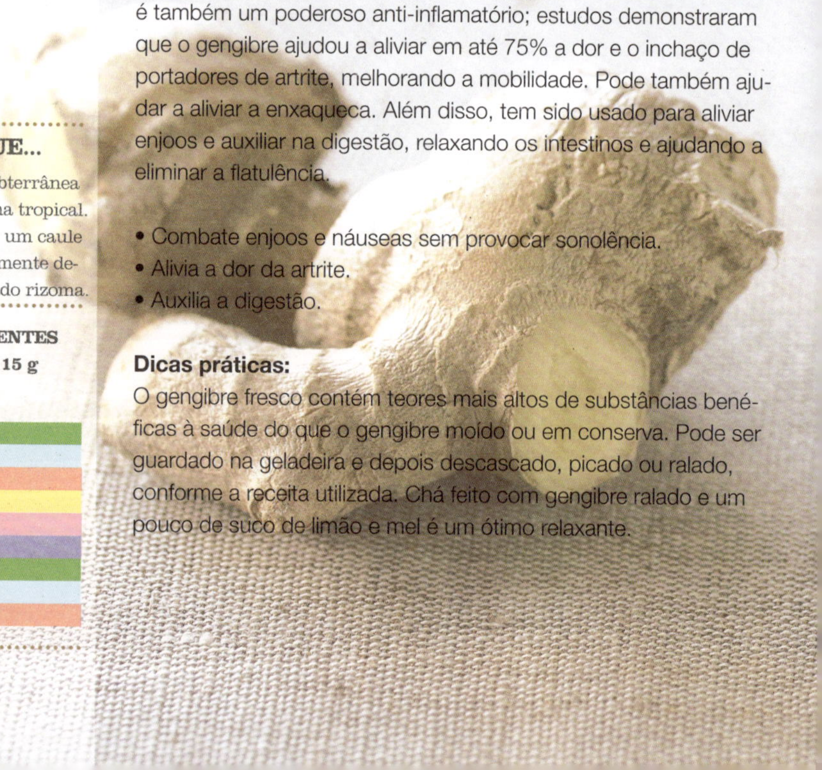

Suco energizante de cenoura e gengibre

SERVE 2 (V) (D) (G) (C) (R)

1 xícara de suco de cenoura (use uma centrífuga ou bata no liquidificador com um pouco de água)
4 tomates, sem pele e sem sementes, picados
1 colher de sopa de suco de limão
25 g de salsinha fresca
1 colher de sopa de gengibre fresco ralado
6 cubos de gelo
½ xícara de água
Salsinha fresca picada, para decorar

Preparo

1 Bata o suco de cenoura, tomates e suco de limão em um processador ou liquidificador.

2 Junte a salsinha, o gengibre e o gelo e bata até ficar bem homogêneo. Adicione a água e bata mais um pouco.

3 Despeje em copos, decore com a salsinha picada e sirva

85 NOZ-MOSCADA

A noz-moscada tem substâncias químicas sedativas, anestésicas e antibacterianas. Contém monoterpenos, que podem prevenir doenças cardiovasculares.

A noz-moscada é, na verdade, uma fruta de uma planta nativa da Indonésia, atualmente cultivada em vários países. O condimento é extraído da semente dessa fruta. A fruta contém as substâncias miristicina e elemicina, que atuam como sedativo moderado e anestésico. Contém também monoterpenos, que são considerados anticoagulantes e podem ajudar a prevenir doenças cardiovasculares. À semelhança de outras especiarias, a noz-moscada é antibacteriana e pode ajudar a proteger contra bactérias causadoras de intoxicação alimentar como *E.coli*. Pode ser usada no tratamento da doença de Crohn, uma inflamação nos intestinos. Acredita-se que o óleo essencial da fruta pode aliviar gengivites.

- Sedativo moderado.
- Ajuda a prevenir coágulos sanguíneos e doenças cardiovasculares.
- Antibacteriana.
- Pode ser anti-inflamatória.

Dicas práticas:
A noz-moscada ralada na hora tem mais aroma e sabor do que a em pó. Combina bem com frutas cozidas ou assadas, como maçãs, e com arroz-doce. Pode ser usada para realçar o sabor de molhos, ensopados e assados, principalmente com carnes de caça. Uma pitada de noz-moscada dá um toque especial em espinafres ou cenouras refogadas ou cozidas e no purê de batatas.

VOCÊ SABIA QUE...

A noz-moscada é um alucinógeno. Quando consumida em grandes quantidades, torna-se tóxica. Por isso, use-a com parcimônia. Uma colher de chá ou menos, já é suficiente.

PRINCIPAIS NUTRIENTES ENCONTRADOS EM 15 g DE NOZ-MOSCADA

Kcalorias	12
Gordura total	0,8 g
Proteínas	Traços
Carboidratos	1 g
Fibras	0,5 g
Magnésio	4 mg
Potássio	8 mg
Cálcio	4 mg

Muffins de canela e noz-moscada

RENDE 12 (V) (D) (G) (C)

Óleo de canola para untar (opcional)
140 g de farelo de trigo
1 xícara de leite desnatado
1 xícara de farinha de trigo integral
1 colher de sopa de fermento em pó
½ colher de chá de noz-moscada ralada
1 colher de chá de canela em pó
½ xícara de açúcar mascavo
⅔ de xícara de uva-passa
2 ovos
6 colheres de sopa de óleo de canola

Preparo

1 Preaqueça o forno a 200 °C. Unte uma forma para 12 muffins ou distribua 12 forminhas de papel próprias para muffin em um tabuleiro raso. Deixe o farelo de trigo de molho no leite por 5 minutos ou até amolecer.

2 Peneire a farinha, fermento, noz-moscada e canela em uma tigela. Junte o açúcar e as passas.

3 Em uma tigela à parte, bata bem os ovos. Junte o óleo e bata mais um pouco. Faça um buraco no centro dos ingredientes secos e despeje os ovos e o farelo de trigo. Misture tudo delicadamente, sem bater demais.

4 Com uma colher, divida a massa entre as forminhas. Asse por 20 minutos ou até crescer, dourar e ficar firme ao toque.

5 Desenforme depois de 5 minutos. Sirva morno ou transfira para uma grade de metal e deixe esfriar. Se estiver usando forminhas de papel, não desenforme; deixe esfriar por cerca de 5 minutos e sirva.

86 CÚRCUMA

Levemente picante, a cúrcuma tem propriedades curativas tão poderosas quanto os remédios modernos utilizados no combate a doenças inflamatórias como a artrite.

A cúrcuma é extraída da polpa alaranjada da raiz de uma planta nativa da Indonésia e do sul da Índia. Seus óleos voláteis e o pigmento amarelo-alaranjado curcumina ajudam a prevenir doenças inflamatórias tão bem quanto remédios mais modernos. Esse pigmento é considerado o componente mais benéfico à saúde encontrado na cúrcuma; estudos demonstraram que também atua como um poderoso antioxidante. Pode ajudar a prevenir o câncer de intestino e a inibir o crescimento de células cancerígenas de alguns tipos de câncer, como o de mama e de próstata. Além disso, ajuda a baixar o colesterol "ruim" e a aumentar o "bom".

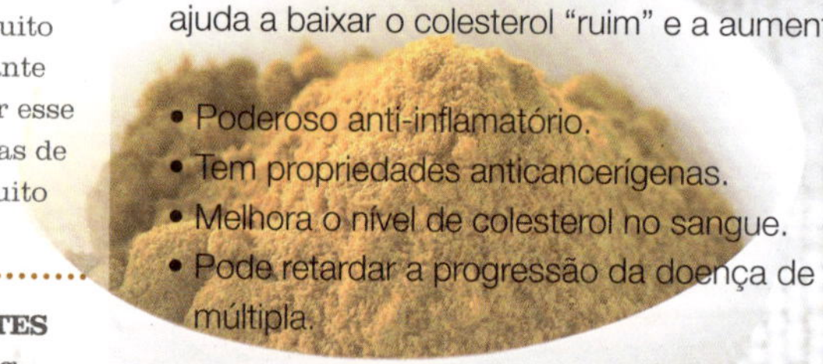

- Poderoso anti-inflamatório.
- Tem propriedades anticancerígenas.
- Melhora o nível de colesterol no sangue.
- Pode retardar a progressão da doença de Alzheimer e esclerose múltipla.

Dicas práticas:
A cúrcuma é comercializada apenas em pó. Guarde em recipientes herméticos. Para fazer mistura de curry em pó, use quatro partes de cúrcuma, uma parte de pimenta vermelha em pó, uma parte de sementes de cominho e uma parte de sementes de coentro. Use em lentilhas cozidas ou misture com iogurte para fazer patê. Uma pitada de cúrcuma acrescenta sabor e colorido a refogados de couve-flor e vagem.

VOCÊ SABIA QUE...

A cor amarelo forte da cúrcuma a tornou conhecida como açafrão indiano. Além de condimento, foi, durante muito tempo, usada como corante pela indústria têxtil. Por esse motivo, remover manchas de cúrcuma de tecidos é muito difícil.

PRINCIPAIS NUTRIENTES ENCONTRADOS EM 15 g DE CÚRCUMA

Kcalorias	24
Gordura total	0,7 g
Proteínas	0,5 g
Carboidratos	4,4 g
Fibras	1,4 g
Folato	225 mcg
Magnésio	13 mg
Potássio	172 mg
Ferro	2,8 mg

Sopa de iogurte e cúrcuma

SERVE 4–6 (V) (D) (C) (R)

1/3 de xícara de farinha de grão-de-bico
1 colher de chá de cúrcuma em pó
1/4 de colher de chá de pimenta vermelha em pó
1/2 colher de chá de sal ou a gosto
1 3/4 xícaras de iogurte natural desnatado
2 colheres de sopa de óleo de amendoim
3 xícaras de água

Para guarnecer

1/2 colher de sopa de óleo de amendoim
3/4 de colher de chá de sementes de cominho
1/2 colher de chá de sementes de mostarda-preta
1/2 colher de chá de sementes de feno-grego
4-6 pimentas vermelhas frescas, dependendo de quantas porções forem servidas

Prepara

1 Misture a farinha de grão-de-bico, a pimenta em pó, a cúrcuma e o sal em uma tigela. Com um garfo ou batedor manual, junte o iogurte, mexendo até ficar bem homogêneo.

2 Aqueça o óleo em uma panela de fundo grosso. Junte o iogurte e a água, sem parar de mexer com o batedor manual. Quando começar a ferver, abaixe o fogo e cozinhe por 8 minutos ou até que a sopa engrosse, sempre mexendo.

3 Para preparar a guarnição, aqueça o óleo em uma frigideira. Frite as sementes, mexendo a frigideira em movimentos circulares, até que as sementes comecem a pipocar. Adicione as pimentas, tire do fogo e mexa por 30 segundos ou até que as pimentas estufem ou inchem (cuidado, pois as pimentas podem pular). Com uma concha, transfira a sopa para tigelas ou pratos fundos aquecidos, decore com uma colherada da mistura de sementes e pimenta e sirva.

6

Frutas secas, sementes e óleos

Frutas secas, sementes e óleos contêm altos teores de proteínas, gorduras essenciais e minerais e enriquecem qualquer dieta. Frutas secas e sementes ao natural são ótima alternativa para um lanche entre as refeições. Também podem ser misturadas aos cereais matinais ou adicionadas ao tempero de refogados.

(V) recomendado para vegetarianos

(D) ideal para quem está de dieta ou regime

(G) recomendado para grávidas

(C) recomendado para crianças com mais de 5 anos

(R) rápido para preparar e cozinhar

87 AMENDOIM

Rico em antioxidantes e vitamina E, contribui para melhorar os níveis de colesterol e ajuda a prevenir derrames, doenças cardíacas, câncer e degeneração cognitiva.

Pesquisas demonstraram que o conteúdo antioxidante do amendoim equivale ao de amoras e morangos. Tem alto teor do antioxidantes polifenóis, incluindo o ácido cumárico, que ajuda a refinar o sangue, e resveratrol, que protege contra o endurecimento das artérias. Contém também alto teor de vitamina E, um antioxidante benéfico à saúde arterial e cardíaca, à atividade cerebral, e que protege contra derrames, ataques cardíacos e câncer. A maior parte da sua gordura é monoinsaturada, que é mais benéfica que a gordura poli-insaturada na redução dos níveis de colesterol. É boa fonte dos aminoácids triptofano, que melhora o humor, e L-tirosina, substância associada ao desempenho cerebral.

- Rico em antioxidantes que protegem contra doenças cardíacas.
- Altos teores de aminoácidos que melhoram o humor e o desempenho cerebral.
- Contém fitosteróis, que podem ajudar a prevenir câncer de cólon.
- Rico em gorduras monoinsaturadas associadas à proteção contra doenças cardíacas.

Dicas práticas:
O amendoim se conserva melhor em sua própria casca ou com a pele. Prefira o amendoim cru, sem sal. Quando fresco, não deve ter cheiro de mofo e se conserva melhor na geladeira. Para fazer uma pasta caseira, bata o amendoim no processador com um pouco de óleo, até obter uma consistência cremosa.

VOCÊ SABIA QUE...

Amendoim não é, de fato, uma fruta seca. Pertence à família das leguminosas, assim como a ervilha e o feijão.

PRINCIPAIS NUTRIENTES ENCONTRADOS EM 30 g DE AMENDOIM SEM CASCA

Kcalorias	170
Gordura total	14,7 g
Proteínas	7,7 g
Carboidrato	4,8 g
Fibras	2,5 g
Niacina	3,6 mg
Folato	72 mcg
Vitamina E	2,5 mg
Cálcio	28 mg
Potássio	212 mg
Magnésio	50 mg
Ferro	1,4 mg
Zinco	1 mg

Frango picante com amendoim

SERVE 4 (D) (C)

2 colheres de sopa de molho de soja
1 colher de chá de pimenta vermelha em pó ou a gosto
350 g de peito de frango sem pele e cortado em pedaços
5 colheres de sopa de óleo de amendoim, mais um pouco se necessário (ou outro óleo vegetal de sua preferência)
1 dente de alho, bem picado
1 colher de chá de gengibre fresco ralado
3 minicebolas, em fatias finas
225 g de cenouras, descascadas e cortada em fatias finas
1 colher de chá de vinagre de vinho branco
1 pitada de açúcar
⅔ de xícara de amendoim torrado
Raminhos de coentro para decorar
Arroz branco cozido para acompanhar

Preparo

1 Misture o molho de soja e a pimenta em pó em uma tigela. Junte os pedaços de frango e misture bem. Cubra com um filme plástico e deixe marinar na geladeira por 30 minutos.

2 Aqueça 4 colheres de sopa do óleo em uma frigideira. Adicione o frango e refogue em fogo alto até dourar e ficar bem cozido. Reserve e mantenha aquecido.

3 Se precisar, coloque mais óleo na frigideira e refogue o alho, o gengibre, a cebola e a cenoura por 2-3 minutos.

4 Ponha o frango de volta na frigideira e refogue até aquecer novamente. Junte o vinagre, o açúcar e o amendoim, mexa bem e regue com o óleo restante. Decore com os ramos de coentro e sirva imediatamente com o arroz branco.

88

CASTANHA-DE--CAJU

Rica em gorduras monoinsaturadas, é benéfica para o coração, contém vários minerais que fortalecem os ossos, melhoram a imunidade e aumentam os níveis de energia.

A castanha-de-caju tem teor de gordura total menor do que outras frutas secas e são uma opção de poucas calorias para um lanche entre as refeições. Grande parte dessa gordura é o ácido oleico monoinsaturado (encontrado no azeite de oliva), cujos benefícios para a saúde incluem a proteção contra doenças cardíacas e arteriais. É rica em minerais importantes, como o magnésio, bom para os ossos e o coração; o zinco, que melhora o sistema imunológico; e o ferro, que aumenta a energia e é benéfico para o sangue. À semelhança de outras frutas secas, as castanhas estão associadas à proteção contra doenças cardiovasculares. Quem a consome regularmente está menos propenso a sofrer essas doenças.

- O consumo regular de castanha-de-caju reduz consideravelmente a incidência de doenças cardiovasculares.
- Boa fonte de gorduras monoinsaturadas benéficas na prevenção de doenças.
- Boa fonte de vitamina C, favorece a atividade cerebral e energia.
- Rica em zinco, que fortalece o sistema imunológico.

Dicas práticas:
Use para fazer uma pasta como faria com o amendoim (ver p. 192). Conserve as castanhas na geladeira. A combinação de damasco seco e castanha-de-caju é uma excelente alternativa para um lanche saudável rico em minerais. Outra dica é adicionar um punhado de castanhas a legumes refogados.

VOCÊ SABIA QUE...

As castanhas-de-caju torradas encontradas no mercado não contêm o benefício dos óleos insaturados, que se oxidam quando submetidos à alta temperatura. Mas você pode torrar castanhas em casa, colocando em forno baixo por 20 minutos.

PRINCIPAIS NUTRIENTES ENCONTRADOS EM 30 g DE CASTANHAS-DE-CAJU

Kcalorias	166
Gordura total	13 g
Proteínas	5,5 g
Carboidrato	9 g
Fibras	1 g
Vitamina B1	0,1 mg
Niacina	0,3 mg
Vitamina B6	0,12 mg
Potássio	198 mg
Magnésio	88 mg
Ferro	2 mg
Zinco	1,7 mg
Selênio	6 mcg

Legumes agridoces com castanha-de-caju

SERVE 4 (V) (D) (C) (R)

1 colher de sopa de óleo vegetal
1 colher de chá de molho de pimenta
2 cebolas fatiadas
2 cenouras sem casca e em fatias finas
2 abobrinhas italianas em fatias finas
115 g de brócolis, só os floretes
115 g de cogumelos ou portobellos frescos, fatiados
115 g de bok choy *(acelga chinesa), bem miúda, cortada na metade*
1 colher de sopa de açúcar mascavo
2 colheres de sopa de molho de soja light
1 colher de sopa de vinagre de arroz
⅓ de xícara de castanha-de-caju torrada

Preparo

1 Aqueça o óleo numa frigideira grande e refogue as cebolas em fogo médio por 1-2 minutos ou até que fiquem macias.

2 Junte a cenoura, a abobrinha e o brócolis, e refogue por mais 2-3 minutos. Acrescente os cogumelos, o *bok choy*, o açúcar, o molho de soja, o vinagre e o molho de pimenta. Refogue por mais 2-3 minutos.

3 Salpique as castanhas torradas sobre o refogado e sirva imediatamente.

89

AMÊNDOA

O alto teor de vitamina E da amêndoa ajuda a proteger contra câncer, doenças cardíacas, ataques do coração e derrames, artrite, infertilidade e doenças da pele.

A amêndoa é a semente de uma fruta carnosa da família dos pêssegos e das ameixas. É rica em gorduras monoinsaturadas e, devido ao seu alto teor de gorduras, demanda bastante tempo para ser digerida. Isso ajuda a saciar o apetite e a controlar o peso. Tem elevado teor de vitamina E, que protege contra câncer e doenças cardiovasculares, alivia dores das articulações e contribui para a saúde da pele. A vitamina E também aumenta a fertilidade masculina. A amêndoa é o alimento vegetal que contém o maior teor de cálcio e, portanto, é um excelente coadjuvante nas dietas vegetarianas que excluem produtos derivados do leite.

- Boa opção para saciar o apetite entre as refeições e controlar os níveis de açúcar.
- Rico em vitamina E, antioxidante.
- Ótima fonte de cálcio.
- Alto teor de gordura monoinsaturada, benéfico para o coração e artérias.

Dicas práticas:
Procure comprar amêndoas ainda na sua casca original ou, pelo menos, com a pele – que se conservam melhor do que as picadas ou laminadas sem pele. Armazene em local fresco, seco e pouco iluminado – a geladeira é o ideal. Amêndoas combinam muito bem com damascos, pêssegos, frango, arroz e pimentão.

VOCÊ SABIA QUE...

Existe um tipo de amêndoa não comestível que contém cianeto, conhecida como amêndoa amarga, que é venenosa e, obviamente, não é vendida em lojas.

PRINCIPAIS NUTRIENTES ENCONTRADOS EM 30 g DE AMÊNDOAS

Kcalorias	174
Gordura total	15 g
Proteínas	6,6 g
Carboidrato	6 g
Fibras	3 g
Vitamina E	7,4 mg
Niacina	1 mg
Cálcio	65 mg
Potássio	206 mg
Magnésio	43 mg
Ferro	1 mg
Zinco	1 mcg

Vitamina de banana e amêndoas

SERVE 3–4 (V) (G) (C) (R)

¾ de xícara de amêndoas sem a pele
2 ½ xícaras de leite desnatado
2 bananas maduras cortadas ao meio
1 colher de chá de essência de baunilha
Canela em pó para polvilhar

Preparo

1 Bata as amêndoas no processador até ficarem bem moídas. Adicione o leite, as bananas e a essência de baunilha. Bata até obter uma mistura bem homogênea.

2 Despeje em copos altos, polvilhe com canela e sirva.

90

CASTANHA-
-DO-PARÁ

Além de ser um dos alimentos mais ricos em selênio, um mineral anticancerígeno e antioxidante, é também boa fonte de cálcio e magnésio, benéficos para os ossos.

A castanha-do-pará tem teor muito elevado de gordura total. Boa parte dessa gordura é monoinsaturada; a quantidade de poli-insaturadas é razoável e o teor do ácido linoleico Ômega-6, uma das gorduras essenciais, é alto. Recomenda-se consumi-la crua, pois, quando submetida a altas temperaturas, essas gorduras oxidam e deixam de ser benéficas para a saúde. A castanha-do-pará é realmente notável quanto ao teor elevado de selênio – em média, apenas uma ou duas castanhas contêm a dose diária recomendada desse mineral; o selênio ajuda a proteger contras as doenças que surgem com a idade. É uma boa fonte de magnésio e cálcio.

- Teor elevado de selênio, um mineral pouco presente em dietas e regimes alimentares em voga hoje em dia.
- Antioxidante, anticancerígena e antienvelhecimento.
- Alto teor de magnésio, benéfico para o coração e os ossos.
- Boa fonte de vitamina E, que ajuda a manter a pele saudável e facilita a cicatrização.

Dicas práticas:
Podem ser armazenadas com casca por até seis meses em local fresco, seco e pouco iluminado. As cascas são difíceis de quebrar – providencie um quebra-nozes de qualidade. Sem casca, devem ser guardadas na geladeira e consumidas em poucas semanas, pois devido ao alto teor de gordura ficam rançosas rapidamente. Cruas, são perfeitas como um lanche rápido entre refeições ou cereais matinais.

VOCÊ SABIA QUE...

A castanha-do-pará é a semente de uma fruta dura do tamanho de um coco. A árvore ocorre naturalmente na floresta amazônica no Brasil e tem pouco sucesso quando cultivada.

PRINCIPAIS NUTRIENTES ENCONTRADOS EM 30 g DE CASTANHA-DO-PARÁ

Kcalorias	197
Gordura total	19,9 g
Proteínas	4,3 g
Carboidrato	3,7 g
Fibras	2,3 g
Vitamina E	1,7 mcg
Cálcio	48 mg
Potássio	198 mg
Magnésio	113 mg
Zinco	1,2 mg
Selênio	575 mcg

Mix de frutas secas

RENDE 4 ½ XÍCARAS (V) (G) (C) (R)

- ½ xícara de damascos secos picados
- ½ xícara de uva-passa
- ½ xícara de castanhas-de-caju assadas
- ½ xícara de avelãs sem casca
- ½ xícara de castanhas-do-pará cortadas ao meio
- ½ xícara de amêndoas em lâminas
- 4 colheres de sopa de sementes de abóbora
- 4 colheres de sopa de sementes de girassol
- 4 colheres de sopa de pinolis

Preparo

1 Coloque todos os ingredientes em um recipiente hermeticamente fechado. Feche bem a tampa e agite várias vezes. Agite o recipiente toda vez antes de usar, tire o necessário e feche novamente. Essa mistura se conserva por até duas semanas.

91 NOZES

Famosas pelo raro teor elevado de gordura Ômega-3, as nozes ajudam a prevenir doenças cardíacas, câncer, artrite, problemas de pele e distúrbios do sistema nervoso.

Ao contrário de outras frutas secas, as nozes são muito mais ricas em poliinsturados do que em monoinsaturados. Entre os poli-insaturados, o de maior teor é a gordura essencial Ômega-3, sob a forma de ácido alfalinolênico. Uma porção de 30 g de nozes fornece mais do que a dose diária de Ômega-3 recomendada. A ingestão adequada e balanceada dessa gordura está associada à proteção contra o envelhecimento, doenças cardiovasculares, câncer, artrite, problemas de pele e doenças neurológicas. A ingestão do Ômega-3 por meio das nozes é importante para quem não inclui peixe na alimentação.

- Boa fonte de fibras e vitaminas do complexo B.
- Rica em Ômega-3 e antioxidantes, benéficos para a saúde.
- Boa fonte de vários minerais importantes.
- Ajuda a baixar o colesterol "ruim" e a pressão arterial e a aumentar a elasticidade das artérias.

Dicas práticas:
Por ter alto teor de gorduras poli-insaturadas, as nozes ficam rançosas rapidamente. Ao comprá-las, prefira com casca, guarde na geladeira e consuma o mais rápido possível. Procure não comprar nozes picadas, pois oxidam com facilidade. É melhor consumi-las ao natural, entre as refeições, misturadas a cereais matinais ou salpicadas sobre iogurtes e frutas.

VOCÊ SABIA QUE...

Jugians Regia, este é o gênero da "noz inglesa", a variedade comestível de noz mais popular, fruto da nogueira comum, usada em pratos doces e salgados.

PRINCIPAIS NUTRIENTES ENCONTRADOS EM 30 g DE NOZES

Kcalorias	196
Gordura total	19,5 g
Proteínas	4,5 g
Carboidrato	4 g
Fibras	2 g
Niacina	0,3 mg
Vitamina B6	0,16 mg
Cálcio	29 mg
Potássio	132 mg
Magnésio	47 mg
Ferro	0,9 mg
Zinco	0,9 mg

Pão de nozes

RENDE 2 PÃES GRANDES (V) (D) (G) (C)

6 ½ xícaras de farinha de trigo integral
1 xícara de farinha de trigo, mais a quantidade para polvilhar
2 colheres de sopa de sementes de gergelim
2 colheres de sopa de sementes de girassol
2 colheres de sopa de sementes de papoula
1 xícara de nozes picadas
2 colheres de chá de sal
15 g de fermento biológico para pão (seco)
2 colheres de sopa de azeite de oliva
3 xícaras de água morna
1 colher de sopa de óleo de canola, para untar

Preparo

1 Misture as farinhas, as sementes, as nozes, o sal e o fermento em uma tigela. Adicione o óleo e a água e misture bem até obter uma massa macia. Vire a massa sobre uma superfície enfarinhada. Sove por 5-7 minutos ou até obter uma massa elástica.

2 Ponha a massa de volta na tigela, cubra com um pano úmido e deixe em local morno por 1 a 1 ½ horas, ou até dobrar de volume. Vire na superfície enfarinhada e trabalhe a massa por mais 1 minuto.

3 Unte duas formas de pão com capacidade para 900 g. Divida a massa ao meio; abra-a no comprimento da forma e três vezes mais larga. Dobre a massa em três camadas e coloque na forma com a dobra para baixo. Repita com a outra porção da massa.

4 Cubra e deixe crescer em local morno por 30 minutos ou até que a massa ultrapasse a altura da forma.

5 Enquanto espera, preaqueça o forno a 230 °C. Asse no centro do forno por 25-30 minutos, até dourar. Ao bater levemente no pão, deve fazer um som oco. Se os pães começarem a dourar antes do tempo, reduza a temperatura para 220 °C. Transfira para uma grade de metal e deixe esfriar.

92 PISTACHE

O pistache verde é rico em esteróis e fibras solúveis, que ajudam a baixar o colesterol "ruim" e podem proteger contra câncer.

Nos últimos anos, tem sido relativamente fácil encontrar pistache em lojas e supermercados, o que possibilitou sua tão bem-vinda inclusão em dietas de alimentação saudável. É rico em beta-siterol, que ajuda a baixar o colesterol ruim e a prevenir o câncer. Boa fonte de fibras e fibras solúveis, que beneficiam os níveis de colesterol e ajudam a prevenir certos tipos de câncer e alguns problemas digestivos, como constipação e síndrome do intestino irritável. O pistache contém vários minerais e vitaminas do complexo B e é boa fonte de proteína, com teor de gordura menor do que o de outras frutas secas.

- Alto teor de esteróis, que diminuem o colesterol e podem proteger contra o câncer.
- Rico em potássio, que ajuda a baixar a pressão sanguínea e a eliminar líquidos.
- Alto teor de fibras e fibras solúveis que favorecem o bom funcionamento do sistema digestivo e melhoram o nível de colesterol.
- Ajuda a controlar o nível de açúcar no sangue, útil para diabéticos e portadores de resistência à insulina.

Dicas práticas:

Se quiser um aperitivo fácil, saboroso e saudável, sirva uma porção de pistaches com casca. Tirar a casca é fácil; a película marrom que envolve a polpa não precisa ser tirada e acrescenta mais fibras e nutrientes. Combina bem em salada de grãos, cereais matinais e nos mais variados recheios.

VOCÊ SABIA QUE...

O pistache é uma das poucas frutas secas que contém caroteno, responsável pela inconfundível coloração esverdeada de sua polpa.

PRINCIPAIS NUTRIENTES ENCONTRADOS EM 30 g DE PISTACHE

Kcalorias	167
Gordura total	13,5 g
Proteínas	6 g
Carboidrato	8,5 g
Fibras	3 g
Niacina	0,4 mg
Vitamina B6	0,5 mg
Cálcio	32 mg
Potássio	308 mg
Magnésio	36 mg
Ferro	1,2 mg
Zinco	0,7 mg
Betacaroteno	100 mcg

Frango com pistache

SERVE 4 (D)

¼ de xícara de caldo de galinha
2 colheres de sopa de molho de soja light
2 colheres de sopa de vinho Jerez seco
3 colheres de chá de amido de milho
1 clara de ovo, batida
1 pitada de sal
3 colheres de sopa de óleo vegetal, mais um pouco se necessário
450 g de peito de frango, sem pele, cortado em tiras
450 g de cogumelos, em fatias finas
1 brócolis inteiro, só os floretes
150 g de broto de feijão
100 g de castanhas cozidas, em fatias finas
1 xícara de pistaches, mais 1 colher de sopa para decorar
Arroz cozido para acompanhar

Preparo

1 Misture o caldo de galinha, o molho de soja, o vinho e 1 colher de chá de amido de milho em uma tigela. Reserve.

2 Misture a clara, o sal, 2 colheres de chá de óleo e 2 de amido de milho em uma tigela. Junte o frango e mexa até a carne incorporar bem o tempero.

3 Aqueça uma frigideira wok por 30 segundos. Coloque o restante do óleo e faça movimentos circulares com a frigideira para espalhá-lo bem e aqueça por mais 30 segundos. Refogue o frango, aos poucos, até que os pedaços fiquem dourados. Escorra o excesso de óleo e mantenha aquecido.

4 Se necessário, ponha mais óleo na frigideira. Refogue os cogumelos, junte o brócolis e refogue por mais 2-3 minutos.

5 Na frigideira, junte o frango, o broto de feijão, as castanhas e o pistache. Refogue até aquecer bem. Acrescente o caldo de galinha e cozinhe até engrossar. Sirva sobre uma camada de arroz e enfeite com os pistaches.

93 PINOLI

Além de ser fonte de gorduras Ômega-3, benéficas para a saúde, o pinoli também é rico em vitamina E, zinco e esteróis que ajudam a baixar o colesterol.

Os pinolis derivam de várias espécies de pinheiro. Todos oferecem benefícios nutricionais semelhantes, no entanto, os tipos asiáticos mais antigos contêm mais óleo. São ricos em gordura poli-insaturada Ômega-6 e contêm alguns dos Ômega-3 menos disponíveis, importantes tanto para o bom funcionamento do coração quanto do cérebro. Pinolis são muito ricos em vitamina E e zinco, dois antioxidantes que são bons para o coração, aumentam a imunidade e a fertilidade. Possuem ainda esteróis e estanóis, compostos que ajudam a diminuir o colesterol.

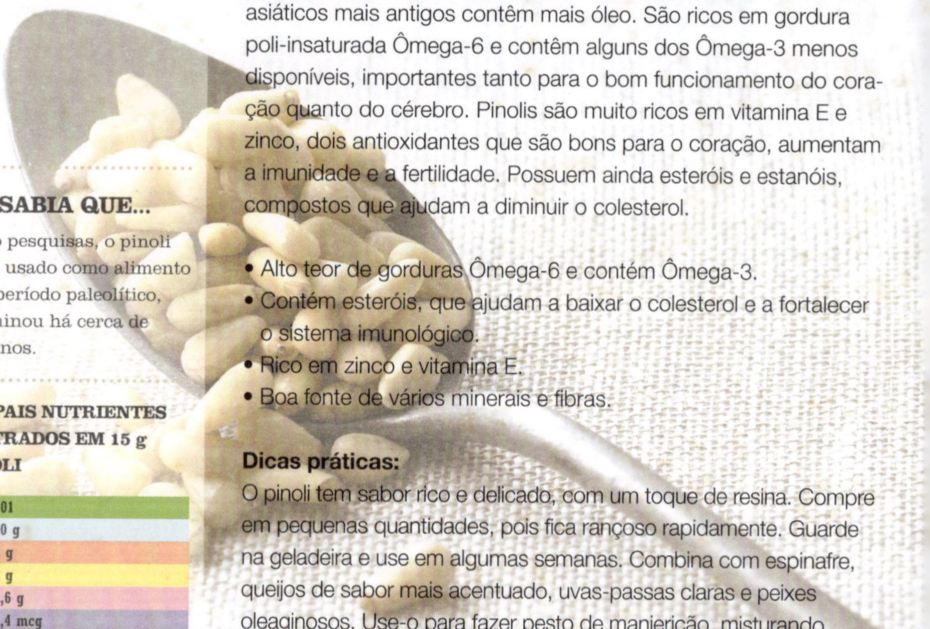

- Alto teor de gorduras Ômega-6 e contém Ômega-3.
- Contém esteróis, que ajudam a baixar o colesterol e a fortalecer o sistema imunológico.
- Rico em zinco e vitamina E.
- Boa fonte de vários minerais e fibras.

Dicas práticas:
O pinoli tem sabor rico e delicado, com um toque de resina. Compre em pequenas quantidades, pois fica rançoso rapidamente. Guarde na geladeira e use em algumas semanas. Combina com espinafre, queijos de sabor mais acentuado, uvas-passas claras e peixes oleaginosos. Use-o para fazer pesto de manjericão, misturando pinoli, manjericão, azeite de oliva e queijo parmesão. Toste os pinoli em uma frigideira sem óleo, rapidamente, pois queimam e oxidam com facilidade. A melhor opção é consumi-lo cru, ao natural.

VOCÊ SABIA QUE...

Segundo pesquisas, o pinoli tem sido usado como alimento desde o período paleolítico, que terminou há cerca de 40.000 anos.

PRINCIPAIS NUTRIENTES ENCONTRADOS EM 15 g DE PINOLI

Kcalorias	101
Gordura total	10 g
Proteínas	2 g
Carboidrato	2 g
Fibras	0,6 g
Vitamina E	1,4 mcg
Potássio	90 mg
Magnésio	38 mg
Ferro	0,8 mg
Zinco	1 mg

Cuscuz de legumes com pinoli

SERVE 4 (V) (D) (G) (C)

¾ de xícara de lentilhas secas
½ xícara de pinoli amassado
1 colher de sopa de azeite de oliva
1 cebola em cubinhos
2 dentes de alho espremidos
280 g de abobrinhas italianas fatiadas
250 g de tomates picados
400 g de coração de alcachofra em conserva, escorridos e cortados ao meio, no sentido do comprimento
1 ¼ xícaras de cuscuz
2 xícaras de caldo de legumes
3 colheres de sopa de folhas de manjericão picadas, mais a quantidade para decorar
Pimenta

Preparo

1 Cozinhe as lentilhas em fogo alto com água suficiente para cobri-las por 10 minutos. Abaixe o fogo, tampe a panela e cozinhe por mais 15 minutos ou até ficarem macias.

2 Aqueça uma frigideira antiaderente. Doure o pinoli por 3-4 minutos, agitando a frigideira em movimentos circulares. Reserve.

3 Aqueça a frigideira antiaderente em fogo médio. Adicione a cebola, o alho e a abobrinha. Refogue por 8-10 minutos ou até dourar a abobrinha, mexendo sempre. Junte o tomate e a alcachofra e esquente tudo por 5 minutos.

4 Coloque o cuscuz em uma tigela refratária. Em uma panela, ferva o caldo. Despeje o caldo quente sobre o cuscuz, cubra a tigela e reserve por 10 minutos ou até o cuscuz absorver o caldo.

5 Escorra a lentilha e misture ao cuscuz. Junte o manjericão, tempere com pimenta e mexa. Transfira o cuscuz para uma travessa aquecida e cubra com uma camada dos legumes. Salpique com os pinolis e folhas de manjericão. Sirva imediatamente.

94 AVELÃ

Rica em potássio, a avelã ajuda a reduzir a retenção de líquido e a baixar a pressão arterial.

A avelã é boa fonte de proteínas e gorduras monoinsaturadas, que ajudam a reduzir o colesterol "ruim" e contribui moderadamente para o aumento do colesterol "bom". É rica em beta-sitosterol, que pode ajudar a reverter o aumento da próstata e a reduzir o colesterol. Tem teor elevado de vitamina E, um antioxidante que ajuda a manter a pele saudável, benéfico para o coração e que fortalece o sistema imunológico. O alto teor de potássio é diurético e pode ajudar quem tem pressão arterial alta. O magnésio ajuda a manter o bom funcionamento do coração e pode contribuir para o fortalecimento dos ossos.

- Rica em beta-sitosterol, substância benéfica para a próstata.
- Rica em monoinsaturados que ajudam a melhorar os níveis de colesterol no sangue.
- Teor elevado de vitamina E, antioxidante.
- Boa fonte de fibras solúveis, que ajudam a baixar o colesterol ruim e a manter o bom funcionamento do sistema digestivo.

Dicas práticas:
A avelã se conserva melhor do que outras frutas secas: contém menos gorduras e a vitamina E atua como um conservante natural. Compre avelãs inteiras, pois, quando picadas, perdem uma boa parte de seus nutrientes. Guarde na geladeira. Consuma crua, entre as refeições, ou adicione em saladas, refogados, cereais matinais e sobremesas.

VOCÊ SABIA QUE...

A origem da palavra avelã está relacionada à região de Avelino, na Itália, onde seu cultivo se desenvolveu.

PRINCIPAIS NUTRIENTES ENCONTRADOS EM 30 g DE AVELÃS

Kcalorias	188
Gordura total	18,2 g
Proteínas	4,5 g
Carboidrato	5 g
Fibras	2,9 g
Vitamina E	4,5 mg
Niacina	0,5 mg
Vitamina B6	0,16 mg
Folato	34 mcg
Potássio	204 mg
Magnésio	49 mg
Ferro	1,4 mg
Zinco	0,7 mg

Pão caseiro de avelãs e legumes

RENDE 1 PÃO (V) (D) (G) (C)

2 colheres de sopa de óleo de canola, mais a quantidade para untar
1 cebola picada
1 dente de alho bem picado
2 talos de salsão picados
1 colher de sopa de farinha de trigo
200 ml de tomates pelados em lata, escorridos
2 xícaras de farinha de rosca (ou farelo de pão integral feito com torradas de pão integral batidas no processador)
2 cenouras descascadas e raladas
¾ de xícara de avelãs torradas, moídas ou bem picadas
1 colher de sopa de molho de soja
2 colheres de sopa de coentro fresco picado
1 ovo, ligeiramente batido
Sal e pimenta
Folhas de alface e de radicchio, para acompanhar

Preparo

1 Prequeça o forno a 180 °C. Unte e polvilhe com farinha de trigo uma forma de pão com capacidade para 450 g. Aqueça o óleo em uma frigideira de fundo grosso. Em fogo médio, refogue a cebola por 5 minutos ou até ficar transparente. Junte o alho e o salsão e refogue, mexendo sempre, por 5 minutos. Junte a farinha de trigo e cozinhe por um minuto. Junte os tomates lentamente, mexendo vigorosamente e cozinhe até engrossar. Retire do fogo.

2 Coloque a farinha de rosca ou farelo de pão em uma tigela. Junte as cenouras, as avelãs, o molho de soja e o coentro. Acrescente a mistura de tomates e mexa bem. Espere esfriar um pouco, junte o ovo e misture bem. Tempere com sal e pimenta.

3 Com uma colher, transfira a massa para a forma e alise a superfície. Cubra com papel-alumínio e asse por uma hora. Para servir quente, desenforme sobre uma travessa aquecida e sirva com salada de alface e radicchio, à parte. Para servir frio, deixe esfriar na própria forma. Desenforme em uma travessa e arrume a salada de folhas ao redor.

95

SEMENTE DE GERGELIM

A lignana, fibra encontrada nas sementes de gergelim, ajuda a baixar o colesterol "ruim". As sementes têm ação anti-inflamatória, aliviando a dor causada pela artrite.

A semente de gergelim contém dois tipos especiais de fibras – sesamina e sesamolina, do grupo das lignanas. Elas podem baixar o colesterol "ruim" e a pressão arterial, o que ajuda a prevenir doenças cardiovasculares. A sesamina é um poderoso antioxidante e, segundo pesquisas, protege o fígado. O teor de esteróis mantém bons níveis de colesterol. A semente de gergelim é rica em cobre, o que pode ser útil para portadores de artrite – acredita-se que seja essa a razão da ação anti-inflamatória das sementes, aliviando a dor e o inchaço. Contém os minerais ferro, zinco, cálcio e potássio em quantidades variadas.

- Boa fonte de fibras e esteróis, que ajudam a baixar o colesterol.
- Fonte de sesamina, lignana antioxidante.
- Alto teor de ferro e zinco.
- Contém grandes quantidades de cálcio, sendo recomendada para quem tem restrição a leite e seus derivados.

Dicas práticas:
Conserve em local fresco, seco e pouco iluminado, em recipiente hermeticamente fechado. Podem ser consumidas cruas ou ligeiramente tostadas (se tostadas por muito tempo, perdem algumas de suas propriedades). Salpique sobre brócolis ou espinafre antes de servir; adicione a saladas de grãos e feijões; combinam com refogados. O tahine, pasta de semente de gergelim, é um dos ingredientes do *homus* e também pode ser usado em outros patês e pastas.

VOCÊ SABIA QUE...

As sementes de gergelim podem ser encontradas nas mais variadas cores, desde o branco, até o preto, passando pelo marrom e vermelho. As mais escuras são as mais saborosas.

PRINCIPAIS NUTRIENTES ENCONTRADOS EM 15 g DE SEMENTES DE GERGELIM

Kcalorias	85
Gordura total	7,2 g
Proteínas	2,5 g
Carboidrato	3,9 g
Fibras	2,5 g
Niacina	0,8 mg
Folato	14 mcg
Cálcio	20 mg
Potássio	61 mg
Magnésio	52 mg
Ferro	1,2 mg
Zinco	1,5 mg

Refogado de tofu, ervilha torta e gergelim

SERVE 2–3 (V) (D) (C) (R)

1 colher de sopa de óleo de gergelim torrado
2 colheres de sopa de óleo vegetal
200 g de cogumelos shitake pequenos (ou picados se forem grandes)
2 bok choy (acelga chinesa), com as folhas inteiras e os talos picados
150 g de ervilha torta, cortadas ao meio na diagonal
250 g de tofu, cortado em cubos
1 pedaço de 3 cm de gengibre fresco, descascado e cortado em lâminas
2 dentes de alho, bem picados
1 colher de sopa de molho de soja light
1 colher de chá de sementes de gergelim
Pimenta
Macarrão japonês cozido, para acompanhar

Preparo

1 Aqueça uma frigideira wok em fogo alto por 30 segundos. Adicione os óleos, espalhando bem. Aqueça por mais 30 segundos. Junte os cogumelos, talos da acelga e a ervilha torta e refogue por um minuto.

2 Acrescente o tofu, as folhas de acelga, o gengibre, o alho e um pouco de água. Refogue por 1-2 minutos, até que as folhas da acelga fiquem um pouco murchas.

3 Misture o molho de soja, salpique as sementes de gergelim e tempere com pimenta. Sirva imediatamente, com o macarrão cozido.

96 SEMENTE DE ABÓBORA

Rica em zinco, ajuda a fortalecer o sistema imunológico e a aumentar a fertilidade. Contém esteróis que auxiliam na prevenção de doenças cancerígenas hormonais.

Um tira-gosto nutritivo, as sementes de abóbora, mesmo em pequenas quantidades, fornecem uma quantidade razoável de minerais, principalmente zinco e ferro. O zinco é um mineral antioxidante, que fortalece o sistema imunológico e aumenta a fertilidade masculina, além de proteger contra o câncer e o aumento da próstata. Por ter alto teor de ferro e zinco, é recomendada para vegetarianos. As sementes contêm esteróis que ajudam a eliminar o colesterol "ruim" do organismo e a inibir o desenvolvimento de células causadoras do câncer de próstata, cólon e mama. As sementes de abóbora contêm Ômega-3, vitamina E, folato e magnésio, benéficos para o coração.

- Rica em zinco, bom para a fertilidade, o sistema imunológico e prevenção de câncer.
- Rica em ferro, bom para o sangue e combate a fadiga.
- Pode ajudar a melhorar o nível de colesterol.
- Boa fonte de nutrientes anti-inflamatórios e benéficos para o coração.

Dicas práticas:
As sementes só são comestíveis depois de torradas. Em geral, sementes cruas não são comercializadas. Mastigue-as bem para garantir a máxima absorção dos nutrientes. Adicione em saladas e cereais matinais ou salpique sobre iogurtes. Podem ser moídas e misturadas a hambúrgueres de soja ou nuggets de legumes.

VOCÊ SABIA QUE...

Quando comprar abóbora ou moranga, não jogue as sementes fora. Lave-as e seque-as bem. Misture com um pouco de azeite de oliva, espalhe em um tabuleiro e asse em forno na temperatura baixa por 20 minutos. Estão prontas para serem consumidas na receita de sua preferência.

PRINCIPAIS NUTRIENTES ENCONTRADOS EM 15 g DE SEMENTES DE ABÓBORA

Kcalorias	81
Gordura total	6,9 g
Proteínas	3,7 g
Carboidrato	2,7 g
Fibras	0,6 g
Niacina	0,3 mg
Potássio	121 mg
Magnésio	80 mg
Ferro	2,2 mg
Zinco	1,1 mg

Musli de maçã

RENDE 7 XÍCARAS (V) (D) (G) (C) (R)

1/3 de xícara de sementes de girassol
1/4 de xícara de sementes de abóbora
2/3 de xícara de avelãs picadas
125 g de trigo sarraceno em flocos*
125 g de flocos de arroz
125 g de painço em flocos*
100 g de maçãs desidratadas picadas
115 g de tâmaras sem caroço picadas

Preparo

1 Aqueça uma frigideira antiaderente em fogo médio. Adicione as sementes e as avelãs e toste-as por 4 minutos ou até dourarem, agitando a frigideira. Transfira para uma tigela e deixe esfriar.

2 Misture os cereais, as maçãs e as tâmaras e mexa bem. Guarde em um recipiente hermeticamente fechado.

*Tanto o trigo sarraceno quanto o painço podem ser encontrados em lojas de produtos naturais.

97 SEMENTE DE GIRASSOL

Ricas em vários minerais e vitamina E, as sementes de girassol protegem contra inflamações e doenças cardiovasculares.

A semente de girassol é, em geral, comercializada sem a casca. É uma das melhores fontes de óleos vegetais e rica em gorduras poli-insaturadas. Tem teor elevado de vitamina E e pode ajudar a proteger contra doenças inflamatórias, como asma e artrite. A vitamina E também é antioxidante e neutraliza os radicais livres que, em excesso, podem danificar as células do organismo e acelerar o processo de envelhecimento. Pode também ajudar a diminuir o risco de doenças cardiovasculares e prevenir o câncer de cólon. É rica em esteróis, que ajudam a baixar o colesterol, e em vários minerais, incluindo ferro, magnésio e selênio.

- Alto teor do ácido linoleico Ômega-6, uma gordura essencial.
- Teor elevado de vitamina E, antioxidante que traz muitos benefícios para a saúde.
- Rica em esteróis, que ajudam a baixar o colesterol.
- Rica em nutrientes e minerais.

Dicas práticas:
Por ser rica em poli-insaturados, a semente de girassol fica rançosa e estraga facilmente, devendo ser conservada em lugares frescos. As sementes descascadas podem ser congeladas; antes de consumir, descongele-as na temperatura ambiente. Enriquecem o sabor e a qualidade nutricional de saladas e cereais matinais. Boa opção para um lanche rápido entre as refeições.

VOCÊ SABIA QUE...

O girassol é nativo das Américas Central e do Sul. Suas sementes são consumidas há mais de 5.000 anos na América do Norte. Atualmente, devido a seu teor elevado de substâncias oleaginosas, é cultivado em várias regiões do mundo.

PRINCIPAIS NUTRIENTES ENCONTRADOS EM 15 g DE SEMENTES DE GIRASSOL

Kcalorias	86
Gordura total	7,4 g
Proteínas	3,4 g
Vitamina E	5 mg
Fibras	1,6 g
Niacina	0,7 mg
Folato	34 mcg
Cálcio	17 mg
Potássio	103 mg
Magnésio	53 mg
Selênio	9 mcg
Ferro	1 mg
Zinco	0,8 mg

Muffin de sementes de girassol

RENDE 12 (V) (D) (G) (C)

6 colheres de sopa de óleo de canola, mais um pouco para untar (opcional)
1 xícara de farinha de trigo integral
1 colher de sopa de fermento em pó
½ xícara de açúcar mascavo
2 xícaras de aveia em flocos
½ xícara uva-passa branca
½ xícara de sementes de girassol
2 ovos
1 xícara de leite desnatado
1 colher de chá de essência de baunilha

Preparo

1 Preaqueça o forno a 200 °C. Unte uma forma própria para 12 muffins ou distribua 12 forminhas de papel para muffins em um tabuleiro. Em uma tigela, misture a farinha e o fermento até desmanchar os grumos. Acrescente o açúcar, aveia, uva-passa e sementes de girassol (reserve algumas para mais tarde).

2 Em uma tigela à parte, use um batedor manual para bater os ovos. Junte o leite, óleo e extrato de baunilha e bata bem. Faça um buraco no centro dos ingredientes secos e despeje os ingredientes líquidos. Misture delicadamente, até ficar homogêneo.

3 Com uma colher, divida a massa entre as forminhas de muffin. Salpique com as sementes de girassol reservadas. Asse por cerca de 20 minutos, ou até crescer, dourar e ficar firme ao toque.

4 Espere 5 minutos para desenformar. Se estiver usando as forminhas de papel, não desenforme. Sirva morno ou transfira para uma grade de metal e deixe esfriar.

98 CHOCOLATE E CACAU EM PÓ

Além de delicioso e irresistível, o chocolate contém flavonoides, magnésio e ferro, que protegem contra doenças cardíacas.

O chocolate é extraído da semente de cacau, rica em antioxidantes flavonoides, fibras e minerais. Durante a fabricação de chocolate, são acrescentadas procianidinas, que têm ação anti-inflamatória. O chocolate – ora herói, ora vilão – contém cafeína (100 g de chocolate em barra tem a mesma quantidade de cafeína que uma xícara de café).

O cacau em pó tem teor relativamente baixo de gordura e alto teor de minerais e antioxidantes; leite desnatado batido com cacau em pó é uma alternativa interessante para chocólatras que se preocupam com a ingestão de gorduras.

- Contém antioxidantes que, pela atividade anticoagulante, protegem contra a oxidação do colesterol no organismo.
- Contém magnésio, benéfico para o coração.
- Contém ferro, bom para o sangue e para aumentar a energia.
- Contém teobromina, estimulante diurético.

Dicas práticas:

A quantidade de nutrientes varia de acordo com o tipo de chocolate. Geralmente, quanto maior a quantidade de cacau sólido, maior o teor de antioxidantes e minerais. Isso significa que chocolate amargo com 70% de cacau é mais nutritivo do que o chocolate ao leite padrão. A manteiga de cacau tem teor elevado de gordura total e gordura saturada, portanto, mesmo o chocolate amargo dever ser consumido em pequenas quantidades. O chocolate branco é uma mistura de manteiga de cacau e sólidos lácteos e tem pouco teor de nutrientes.

VOCÊ SABIA QUE...

A semente de cacau é extraída do fruto do cacaueiro, cultivado, atualmente, na América do Sul e na África. O primeiro a importá-la para a Europa foi Cristovão Colombo, no começo do século XVI.

PRINCIPAIS NUTRIENTES ENCONTRADOS EM 15 g DE CACAU EM PÓ

Kcalorias	34
Gordura total	2 g
Proteínas	3 g
Carboidrato	8 g
Fibras	5 g
Cálcio	19 mg
Magnésio	22 mg
Potássio	229 mg
Ferro	2 mg
Zinco	1 mg

Frango com pimenta e chocolate

SERVE 6–8 (G) (C)

1 cabeça de alho
1 frango de 2 kg
4 raminhos de hortelã fresca
½ colher de chá de pimenta-do--reino em grãos
2-3 cravos-da-índia inteiros
Sal
Tortillas prontas e guacamole para acompanhar

Molho

3-4 colheres de sopa de azeite de oliva
1 cebola grande, em fatias finas
1 pimentão vermelho, sem sementes e picado
500 g de tomates, frescos ou em lata, sem pele e picados
1 banana verde, sem casca, cortada em pedaços
⅔ de xícara de amêndoas torradas, amassadas
1 colher de chá de sementes de cominho
1 colher de chá de pimenta-da--jamaica em grãos
1 tortilla em pedaços ou 1 colher de sopa de chips de tortilla
50 g de pimenta vermelha, sem sementes .
2 colheres de sopa de uva-passa
Casca ralada de uma laranja
2 colheres de sopa de cacau em pó ou 50 g de chocolate em pó sem açúcar de boa qualidade

Preparo

1 Preaqueça o forno a 180 °C. Faça pequenos cortes no centro da cabeça de alho. Corte o frango em 12 pedaços, lave e coloque em uma panela com água suficiente para cobrir. Deixe levantar fervura, tirando a espuma que se forma na superfície. Junte o alho, a hortelã, a pimenta, o cravo-da-índia e um pouco de sal. Ferva novamente, reduza o fogo, tampe e cozinhe por 30-40 minutos, até que o frango fique macio. Transfira para uma travessa refratária. Coe o caldo e reserve.

2 Para o molho, aqueça 2 colheres de sopa do azeite em uma frigideira. Junte a cebola, abaixe o fogo e refogue por 5-6 minutos. Acrescente os tomates e a banana. Quando começar a borbulhar, abaixe o fogo e cozinhe por 20 minutos, até que a banana fique macia.

3 Aqueça uma frigideira antiaderente, toste as amêndoas, o cominho e a pimenta-da-jamaica, agitando a frigideira até que fiquem bem dourados. Bata em um processador e reserve.

4 Coloque a cebola e a mistura de tomates no processador. Junte a tortilla, as pimentas vermelhas e um pouco de água. Bata até obter uma mistura bem homogênea. Acrescente um pouco do caldo do frango, se necessário.

5 Aqueça o restante do óleo na frigideira. Junte as amêndoas moídas e refogue por 1-2 minutos. Acrescente a mistura de tomates e, quando começar a borbulhar, diminua o fogo e cozinhe por 5 minutos. Junte a uva-passa, raspas de laranja e 4 xícaras de caldo do frango. Quando ferver, abaixe o fogo e cozinhe por 20 minutos, até reduzir o líquido em ⅓. Misture o cacau e deixe aquecer um pouco.

6 Despeje o molho sobre o frango, cubra com papel-alumínio e asse por 20-25 minutos. Sirva com as tortillas aquecidas e guacamole.

99 AZEITE DE OLIVA

Além do já conhecido teor elevado de monoinsaturados benéficos ao coração, o azeite de oliva virgem também contém várias substâncias antioxidantes e vitamina E.

A gordura do azeite de oliva é, principalmente, monoinsaturada, que ajuda a evitar que o colesterol seja depositado nas paredes dos vasos arteriais e, portanto, protege contra doenças cardiovasculares e derrames. A prensagem inicial das azeitonas (como a usada para o óleo de oliva extravirgem) produz um óleo rico em substâncias químicas benéficas. Essas substâncias podem proteger contra câncer e pressão alta e baixar o colesterol; o composto oleocantal é um anti-inflamatório com ação semelhante ao ibuprofeno. Finalmente, o óleo de oliva é boa fonte de vitamina E.

- Ajuda a melhorar o nível de colesterol e protege contra doenças cardiovasculares.
- Rico em polifenóis que protegem contra câncer de cólon e outros tipos de câncer.
- Pode ajudar a prevenir úlceras estomacais.
- Antibacteriano e antioxidante.

Dicas práticas:
Deve ser armazenado em local pouco iluminado e utilizado em no máximo dois meses. Ao comprar, prefira os que ficaram expostos em locais com pouca iluminação, em lojas cujos estoques tem giro rápido. Para aproveitar ao máximo os benefícios do azeite de oliva, use para temperar saladas ou para regar pães e legumes. Recomenda-se não aquecer o azeite de oliva extravirgem em temperaturas muito altas para não perder as substâncias químicas benéficas à saúde.

VOCÊ SABIA QUE...

Segundo pesquisas realizadas na Itália, quando exposto à luz, o azeite de oliva perde a maioria das substâncias químicas benéficas à saúde. As experiências feitas mostraram que, depois de um ano, o azeite armazenado em garrafas transparentes em locais iluminados perdeu pelo menos 30% do teor de antioxidantes.

PRINCIPAIS NUTRIENTES ENCONTRADOS EM 15 ml DE AZEITE DE OLIVA

Kcalorias	130
Gordura total	15 g
Vitamina E	2,1 g

Azeite de oliva com limão e pimenta

RENDE 1 XÍCARA (V) (D) (G) (C)

Casca de 1 limão siciliano
1 limão siciliano inteiro
2 colheres de chá de grãos de pimenta de cores variadas
1 xícara de azeite de oliva

Preparo

1 Prepare uma cuscuzeira (panela própria para fazer cuscuz). Ferva a água na parte inferior da panela e diminua o fogo.

2 Corte a casca de limão em tiras bem finas, eliminando o máximo da parte branca. Corte o limão inteiro em fatias bem finas. Use um pilão para amassar os grãos de pimenta. Coloque as tiras e fatias de limão, a pimenta e o óleo na parte superior da panela. Tampe e deixe cozinhar por uma hora. Com um termômetro digital, cheque a temperatura do óleo. Quando atingir 120 °C, retire da panela. Não deixe o óleo ferver.

3 Depois de frio, coe em um vidro, usando um pano ou coador de papel. Tampe e guarde na geladeira. Se preferir, guarde com as tiras de limão e a pimenta e coe na hora de usar. Pincele filés de peixe ou de frango antes de fritar, assar ou cozinhar.

100 ÓLEO DE CANOLA

Um dos óleos mais nutritivos, rico em monoinsaturados e gorduras Ômega-3, que protegem contra câncer, doenças cardíacas e outras enfermidades.

O óleo de canola só começou a ser valorizado nos últimos anos, quando fazendeiros europeus começaram a produzi-lo em escala comercial como uma alternativa mais barata ao azeite de oliva. Em alguns aspectos, o óleo de canola chega a ser até mais beéefico à saúde do que o seu rival. Tem teor de gordura monoinsaturada tão alto quanto o do azeite de oliva e contém quantidades maiores de ácido alfa-linoleico da gordura Ômega-3 do que qualquer outro óleo usado em culinária. Tem um equilíbrio perfeito entre as gorduras Ômega-6 e Ômega-3 e teor de gordura saturada menor do que os outros óleos. Além disso, é boa fonte de vitamina E.

- Quantidades balanceadas de gorduras essenciais, de acordo com as doses recomendadas.
- Baixo teor de gordura saturada.
- Boa fonte de vitamina E, antioxidante.
- Alto teor de gorduras Ômega-3, que trazem vários benefícios à saúde quando ingeridas regularmente.

Dicas práticas:
O óleo de canola refinado é boa opção em culinária, pois não perde as propriedades quando aquecido. Óleo de canola extravirgem ou de prensagem à frio é ótima alternativa para temperar saladas. Seu sabor, que lembra frutas secas, combina bem com alcachofras e aspargos. Ideal para molhos de maionese, pois tem sabor menos acentuado que o azeite de oliva.

VOCÊ SABIA QUE...

A canola é uma planta anual, que pertence à família das brassicáceas. Suas flores, de cor amarelo intenso, pintam os campos de dourado no verão.

PRINCIPAIS NUTRIENTES ENCONTRADOS EM 15 ml DE ÓLEO DE CANOLA

Kcalorias	130
Gordura total	15 g
Vitamina E	2,6 mg

Óleo de canola com alho, pimenta e orégano

RENDE 1 XÍCARA (V) (D) (G) (C)

5 dentes de alho

2 colheres de sopa de pimenta vermelha

1 colher de chá de orégano seco

1 xicara de óleo de canola

Preparo

1 Preaqueça o forno a 150 °C.

2 Corte os alhos ao meio no sentido do comprimento. Use luvas e remova as sementes das pimentas e pique bem. Use quantas pimentas forem necessárias para obter 2 colheres de sopa da pimenta picada.

3 Misture o alho, a pimenta, o orégano e o óleo em uma travessa refratária. Coloque no centro do forno e aqueça por 1 ½ a 2 horas. Com um termômetro digital, cheque a temperatura do óleo. Quando atingir 120 °C, retire do forno.

4 Depois de frio, coe em um vidro, usando um pano ou coador de papel. Tampe e guarde na geladeira.

GLOSSÁRIO

Ácido alfa-linoleico um tipo de gordura Ômega-3 poli-insaturada. Um dos ácidos gordurosos essenciais que precisamos ingerir em pequenas quantidades, pois não é produzido pelo nosso organismo.

Ácido elágico um antioxidante polifenol com propriedades anticancerígenas, presente na maioria das frutas vermelhas e em algumas frutas secas.

Ácido graxo essencial/gordura essencial/EFA gorduras essenciais necessárias para manter a saúde do corpo, que podem ser obtidas na alimentação.

Ácido graxo monoinsaturado/ gordura um tipo de gordura encontrada em muitos alimentos. Quando em quantidades elevadas, como no azeite de oliva, abacate e algumas frutas secas, tem efeito benéfico sobre o colesterol e ajuda a prevenir doenças cardiovasculares e outros problemas cardíacos.

Aminoácidos os 22 "tijolos" que formam as proteínas, em quantidades e combinações variadas. Apenas oito são essenciais em nossa dieta, pois não podem ser fabricados pelo organismo e só são obtidos através dos alimentos.

Antioxidante substância que protege o organismo contra os efeitos dos radicais livres, toxinas e poluentes.

Antocianina pigmento azul, vermelho ou roxo encontrado em alguns alimentos – é um poderoso antioxidante.

Betacaroteno ver carotenos.

Beta-criptoxantina/criptoxantina poderoso antioxidante, cujo efeito característico é reduzir o risco de certos tipos de câncer.

Beta-glucanos um tipo de fibra solúvel encontrada em certos vegetais, como a cevada integral e a aveia.

Beta-sitosterol um esterol vegetal, encontrado em algumas frutas secas, sementes e outros vegetais, que reduz o colesterol.

Bioflavonoide/flavonoide um grupo de milhares de compostos antioxidantes encontrado em frutas, legumes e outros alimentos vegetais.

Carotenos/carotenoides pigmento amarelo, vermelho ou laranja, encontrado em vários alimentos vegetais como a cenoura, bastante benéfica para a saúde. Os principais são o alfacaroteno e o betacaroteno. Outros exemplos são luteína, licopeno e zeaxantina.

Catequina um composto do grupo flavonoide, encontrado no chá e em outros vegetais, que pode ajudar a proteger contra doenças cardiovasculares, além de ter outras propriedades benéficas à saúde.

Colesterol substância gordurosa presente em muitos alimentos de origem animal e fabricada pelo fígado humano. É essencial para o organismo, mas, sob certas circunstâncias, pode favorecer o desenvolvimento de doenças da artéria coronária. Ver colesterol "bom" e colesterol "ruim".

Colesterol "bom"/HDL lipoproteínas de alta densidade que se agregam ao colesterol e o transportam através do sangue. Mantém as artérias desimpedidas e protegem contra doenças cardiovasculares.

Colesterol "ruim"/LDL lipoproteínas de baixa densidades que transportam gorduras, como o colesterol, no sangue. Níveis elevados de colesterol "ruim" estão relacionados com a formação de placas (entupimento das artérias) e doenças cardovasculares.

Daidzeína isoflavona vegetal que apresenta efeito estrogênico moderado.

DHA/ácido docosahexaenoico um ácido graxo do tipo Ômega-3, de "cadeia longa", encontrado em peixes oleaginosos, com várias propriedades benéficas para a saúde.

EPA/ácido eicosapentaenoico um ácido graxo do tipo Ômega-3, de "cadeia longa", encontrado em peixes oleaginosos, com várias propriedades benéficas para a saúde.

Escala antioxidante ver ORAC.

Esterol/esterol vegetal/fitosterol grupo de compostos vegetais que podem ajudar a baixar o colesterol no organismo.

Estrogênio hormônio feminino produzido pelo ovário. Após a menopausa, há um declínio acentuado do nível de estrogênio. Esse declínio é responsável por alguns problemas de saúde, como a osteoporose.

Fenol/composto fenólico grupo de compostos antioxidantes, que incluem o resveratrol, encontrado nas uvas.

Fitonutrientes/fitoquímicos grupo de compostos antioxidantes encontrados nos vegetais, benéficos para a saúde, mas diferentes de vitaminas e minerais.

Fibra insolúvel consiste, principalmente, de celulose; é a parte de difícil digestão de alimentos vegetais que passa direto pelo sistema digestivo e, por absorver mais água, facilita a eliminação do bolo intestinal, ao mesmo tempo em que aumenta a sensação de saciedade. Ajuda a evitar ou controlar problemas de intestino.

Fibra solúvel um tipo de fibra encontrada na aveia, em algumas frutas e legumes. Pode ter efeito benéfico sobre o sistema digestivo e sobre o nível de colesterol.

Genisteína ver daidzeína.

Homocisteína um aminoácido sintetizado pelo organismo. Em altos níveis podem desencadear doenças cardiovasculares.

Índice Glicêmico (IG) sistema de classificação dos carboidratos de acordo com seu efeito nos níveis de açúcar do sangue.

Indol composto vegetal encontrado no repolho e outras hortaliças, que tem forte ação anticancerígena.

Insulina hormônio produzido pelo pâncreas que regula o nível de açúcar.

Inulina um tipo de carboidrato que atua como fibra dietética e prebiótico no sistema digestivo. Encontrada em raízes, chicórias e cebolas.

Licopeno um tipo de caroteno encontrado em frutas vermelhas e alaranjadas e em legumes, como o tomate. Ajuda a prevenir o câncer de próstata.

Lignana um tipo de estrogênio vegetal encontrado em algumas sementes, grãos, frutas e legumes.

L-tirosina/tirosina um aminoácido que pode ajudar a melhorar o desempenho cerebral e os níveis de energia. Encontrado em alimentos com alto teor de proteína.

Luteína ver carotenos.

Metabolismo alterações químicas no organismo, responsáveis pela síntese e degradação dos nutrientes dos alimentos e bebidas ingeridos.

Ômega-3 tipos de gordura poli-insaturada, essenciais para o funcionamento normal do organismo. Acarreta vários benefícios para a saúde e protege contra várias doenças.

ORAC Capacidade de Absorção do Radical Oxigênio sistema internacional que mede o efeito antioxidante de alimentos vegetais, segundo a capacidade de neutralizar os radicais livres.

Patógeno agente biológico capaz de causar doenças.

Pectina um tipo de fibra solúvel encontrada em boas quantidades em frutas cítricas e maçãs. Uma de suas propriedades benéficas para a saúde é a redução do colesterol "ruim".

Polifenol grupo de substâncias químicas vegetais que inclui bioflavonoides, fenol, quercetina e tanino.

Poli-insaturados tipo de gordura, encontrada em grandes quantidades nos óleos vegetais com teor elevado de ácidos graxos Ômega-3.

Prebióticos compostos encontrados em vários alimentos, que estimulam o crescimento de bactérias benéficas nos intestinos.

Probióticos bactérias intestinais "amigáveis" que ajudam a fortalecer o sistema imunológico, além de outro benefícios para a saúde.

Quercetina Antioxidante encontrado no chá, cebola e maçã.

Radicais livres moléculas ou átomos instáveis, altamente reativos, subproduto do metabolismo. Acredita-se que, em excesso, possam desencadear doenças e dar início ao processo de envelhecimento.

Saponina composto vegetal que inibe o crescimento de tumores, encontrado principalmente em leguminosas.

Sistema Imunológico processos do organismo que protegem contra doenças e outras patogenias potencialmente prejudiciais.

Sulfeto/organosulfeto composto antioxidante e estimulador do sistema imunológico, encontrado no alho e na cebola.

Sulforafano composto vegetal encontrado nas brassicáceas, como os brotos de feijões e couve-de-bruxelas, com propriedades anticancerígenas e antidiabéticas.

Tanino composto vegetal do grupo polifenol, encontrado no chá, vinho e leguminosas. Inibe a absorção de minerais, mas tem efeito protetor da saúde.

Triptofano aminoácido que ajuda a diminuir a tensão e melhorar o humor.

Zeaxantina ver carotenos.

ÍNDICE